当代体育教育学与管理研究

张跃敏　著

中国水利水电出版社

www.waterpub.com.cn

·北京·

内 容 提 要

当代大学生是国家的希望、民族的未来，由此可见他们身上的担子之重，而拥有一个健康的体魄是其前提条件，所以体育教育应该成为各高校高度重视的教育内容之一。本书围绕大学生体育教育学与管理的研究，展开详细论述，内容主要分为两个部分：第一部分是体育教育学，包括体育教育学的概述、体育教育的内涵、体育教育的追求和实施、大学体育与健康；第二部分是体育教育学中的管理，包括体育教育管理的综述、体育教学活动的管理、体育教学主体及资源的管理。本书研究的核心是大学生体育教育学与管理的研究，适合从事该领域教学工作的教师和学生以及从事相关研究工作的读者阅读。

图书在版编目（CIP）数据

当代体育教育学与管理研究 / 张跃敏著. -- 北京：
中国水利水电出版社，2018.7（2022.9重印）
ISBN 978-7-5170-6585-2

Ⅰ.①当… Ⅱ.①张… Ⅲ.①体育教育—教育理论②
体育教育—教育管理 Ⅳ.①G807.01

中国版本图书馆CIP数据核字(2018)第138072号

责任编辑：陈 洁　　　封面设计：王 斌

书　　名	**当代体育教育学与管理研究** DANGDAI TIYU JIAOYUXUE YU GUANLI YANJIU
作　　者	张跃敏 著
出版发行	中国水利水电出版社 （北京市海淀区玉渊潭南路1号D座　100038） 网址：www.waterpub.com.cn E-mail：mchannel@263.net（万水） 　　　　sales@mwr.gov.cn 电话：（010）68545888（营销中心）、82562819（万水）
经　　售	全国各地新华书店和相关出版物销售网点
排　　版	北京万水电子信息有限公司
印　　刷	天津光之彩印刷有限公司
规　　格	170mm×230mm　16开本　12.25印张　219千字
版　　次	2018年8月第1版　2022年9月第2次印刷
印　　数	2001-3001册
定　　价	48.00元

凡购买我社图书，如有缺页、倒页、脱页的，本社营销中心负责调换

前　言

　　体育教育学是研究整个体育教育过程中的基本规律及科学方法，即在体育学科范围内研究人的全面发展，提高人的素质。从社会的现状及发展的需要出发，依据教育学的基本原则，紧密与心理学理论及研究成果相联系，并以认识论为理论基础预测其发展趋势。随着社会的不断发展和进步，人们的生活水平得到了进一步的提高，学生素质对于体育教育与管理的要求也会越来越高，故希望通过撰写此书能够在学生体育教育与管理方面起到一定的指导作用，为我国培养出更多更加优秀的社会主义现代化接班人。

　　本书分为两个部分，第一部分为第一至第四章，第一章主要简单介绍了一些关于体育教育学的基础知识，包括体育教育的定义、体育教育的发源、体育教育的意义；第二章和第三章主要讲述的是体育教育的内涵、体育教育的追求和实施；在第四章的内容中主要阐述的是大学体育与健康之间的关系，包括现代健康的标准、影响心理健康的因素、科学锻炼等于健康体魄等，在一定程度上具有实践指导意义。第二部分为第五至第七章，主要从体育教育管理的角度出发，第五章首先讲述了体育教育管理的一些基本理论，包括体育教育管理的特色、体育教育管理的原理、体育教育管理的模式；第六章主要讲述的是在进行体育教学活动的管理，在教学活动的管理中包含了课外活动的管理、课外训练与竞赛的管理、体育教学的管理等内容。最后讲述的是在体育教育教学主体及资源的管理，从学生的管理、体育教师的管理、体育教学中财力资源的管理、体育教学中物力资源的管理四个方面重点分析了在体育教育中的管理问题。

　　总体上来说，本书逻辑清晰，内容丰富，理论与实践相结合，理论的发展最终是为了指导实践，希望本书能够在人们探索体育教学和教学管理的道路上略尽微薄之力。

　　本书在撰写过程中，对前人有关体育教育学的资料进行了借鉴和吸收，在此对相关作者表示诚挚的谢意。由于时间仓促，水平有限，书中难免会有遗漏及不妥之处，恳请广大读者朋友批评指正。

作者

2017年4月

目　录

第一章　体育教育学概述

近年来，随着我国基础教育改革的不断推进，体育教育也在此浪潮下快速地发展。不论是什么类型、何种性质的体育教育活动，虽然它们的运作方式和目的等有所不同，但都具有一套相对稳定和统一的内在原理和规律。因此，要使体育教育获得更加健康和完善的发展，必须对体育教育的概念、思想和目的等进行研究和分析。

第一节　体育教育学相关定义

一、教育的概念

实际上，教育在人类出现之后便随之存在，最早的教育可视为原始人类教授下一代各种生存技巧。这种教育方式主要是一种身体力行的实践性教育，它的随机性较大，教授的方法和内容因人而异。此后，随着文字和语言的出现，人们可以将更多的经验通过口口相传和文字记录的形式传递下去。记录方法的出现使得教育内容得以固定，教授内容越发稳定，表现出了更强的传承性。

自从人类进入文明社会后，几乎在全世界都存在各种形式的教育，如在现代英语中，教育是"education"；在法语中教育是"L'education"；在德语中，教育是"erziehung"，三者都起源于拉丁文"educare"。它的本质意义为通过采用一定的手段，把某种潜藏于人身上的东西引导出来，使之从一种潜质转变为现实的行为过程。

我国的教育一度走在世界的前列，由于受到我国传统民族文化的影响，民众自古便对教育非常重视，并且在国家层面上也非常重视通过教育选拔人才。在我国，有关教育的汉字最早出现在甲骨文中。其中，"教"在甲骨文中的常见写法表示教育者手执教鞭向受教者传授知识的意思，而

"育"的写法像妇女养育孩子之形，改其不善而为善。孟子在《孟子·尽心上》中有"得天下英才而教育之，三乐也"，他最早将"教""育"二字连用。在学术界的影响下，朝廷大臣在呈递的奏折中逐渐开始使用"教育"一词，把"教"和"育"这两个字合成一个词来用在20世纪之前是很少见的。而现代汉语中的"教育"一词则来自于日语，日清战争战败后，我国向日本派出了大量的留学生，其中一些学生在翻译日文有关教育学书籍的工作中，将"教育"一词带回我国，1906年，学部奏请颁布教育宗旨。民国之后，正式改学部为教育部。此后，"教育"一词就成为我国教育学的一个基本的概念。很快这一词语便被收纳到汉语词汇中，专门作为指代教学行为和教学活动的词语。

当教育在人类历史发展中成为一种重要知识和技能的传承方式后，越来越多的学者开始对此开展了深入且细致的研究。为此，许多教育家都对"教育"进行了不同观点的解说，如《中庸》中提到："修道之谓教"；《学记》中说："教者也，长善而救其失者也"；《荀子·修身》中解说为："以善先人者谓之教"；东汉许慎在其所著《说文解字》中说："教，上所施，下所效也""育，养子使做善也"。这里的"教"指的是教育者的教诲和受教育者的效法，"育"就是使受教育者向好的方向发展。许多外国教育家也对教育进行了不同观点的解说，如卢梭认为："教育应当依照儿童自然发展的程序，培养儿童所固有的观察、思维和感受的能力"；杜威认为："教育即生长""教育即改造""学校即社会"，教育是生活的过程，而不是将来生活的预备，"教育是经验的改造或改组"；斯宾塞认为："教育应该为美好的生活作准备"；裴斯泰洛齐认为："教育的目的在于发展人的一切天赋力量和能力"；夸美纽斯则认为："假如要去形成一个人，那便必须由教育去完成。教育在于培养和谐发展的人"。可见，在西方，"教育"一词具有引导帮助儿童发展的含义，在一定程度上揭示了教育是"培养人的活动"这一本质属性。

综上所述，在了解了中外教育学者对"教育"的定义后可以知道，人们对于教育的定义多种多样，每个人都有不同于其他人的见解。观点的不同主要在于其是从不同的社会角度出发的。但是，为了事物较好发展，显然没有一个统一的定义是一大阻碍，因此，在总结了众多学者关于教育定义的论述后，可以将其统一归纳完善得出一个最为科学和全面的"教育"的定义，以期可以避免人们对"教育"概念的误解。因此，我们普遍认为，教育是指有意识的，以积极影响人的身心发展为直接和首要目标的、促使个体社会化和社会个性化的社会实践活动。细致分析下来，将"教育"如此定义：首先描述了"教育"的实践特性；其次，还确定了"教育"对人产生的各种影响，包括对身体上的影响和心理上的影响，它区别于像盗窃团伙的师徒学艺。盗窃团伙的师徒授受虽可谓有意识、有目的的，但不能积极影响人的身心发展。虽此举仍为"培养"人，但这些做法与教育目的是相悖的，是为"真正的教育"所不容的，这种行为在国内外的任何历史时代都有出现过；最后，个体的社会化是指把人培养成满足社会需要的人，这里要特别强调一下把人培养成满足社会需要的人的意思并不是把人培养成千篇一律的人，教育不是一部批量生产人才的机器，人存在与社会中仍旧需要葆有自己的个性，社会的个性化是指把社会文化等传承到不同的人身上，以期形成独特的个性心理结构。这两个过程是互为前提、密不可分的。

二、体育教育的相关概念

（一）体育的内涵

在很长一段时间内，人们很自然地将体育与体育教育相等同，而从现代意义上来讲，这两者之间有着非常紧密的联系，也存在许多差别，因此两者并不能被等同而论。也就是说，体育并不完全是体育教育，体育教育也并不完全等同于体育。随着社会的发展，人们认识问题的角度更加全面，于是也就对体育教育和体育之间的区别有了越发清晰地认识，只有对体育的内涵有深入地了解，才能对体育教育进行准确的定义。

在我国，"体育"一词是在近代后才开始出现的，是一种外来词语，它是在19世纪后半期的英语词"Physical Education"直译而来的。最早的"体育"一词出现在日本，它于19世纪70年代左右传入，当时这种事物对于社会全面改革的日本来说也是新鲜事物，因此当时对其的翻译也是多种多样的，如有的译为"体育教育"，有的译为"身体教育"和"关于身体的教育"等，经过一段时间的讨论和研究后最终确定为"体育"。1896年上海南洋公学师范学院附属小学的《蒙学读本》首次提出："泰西之学，其旨万端，而以德育、智育、体育为三大纲""体育者，卫生之事也"。在我国学校中，与体育有关的教学活动一贯以"体操"命名，以"体育"取代"体操"大约是在1922年，从此"体育"便成为我国文化的一项新活动。

要想使体育教育事业得到良好的发展，首先就应该确立一套系统且标准的体育术语，以此达到让人们对体育的概念形成共同的观念和认识的目的。为此，中外学者都做了大量的研究，甚至于1963年成立了世界范围内的"统一体育术语国际研究会"，而遗憾的是从实际效果上来看，收效甚微，对于众多词语和概念的确定至今难以取得一致。究其原因，也许可以认定为是由于体育概念本身就是一个发展的过程而非结果。从实际应用上来看，体育最早作为一种学校教育的形式存在，它是教育的重要组成部分，是一种通过身体运动的教育，但它所包含的内容又较多，其并非仅限于身体的教育，还包括心理教育和社会教育，但是其教育方法却一直是以各种方式的身体活动来完成教育目的。

为了给体育一个准确的定义，众多学者在这一领域进行了大量的理论研究，其中得到了许多富有建设性的理论，根据这些论述，大致可以把对体育概念的认识分为三个阶段。第一阶段是20世纪70年代后期到80年代初，这一阶段将体育确立为教育的组成部分；第二阶段为20世纪80年代中后期，确立体育是文化的组成部分；第三阶段确立了人的发展与社会发展在体育中具有高度的同一性，时间为20世纪90年代初期至今。

虽然学术界至今仍未对体育的概念达成一致，但是为了能让这一事物正常发展，还是根据其普遍性对其做出了解释，认为体育是以人的身体活动为媒介，以谋求个体身心健康，全面发展为直接目的，并以培养完善的社会公民为终极目标的一种社会文化现象或教育过程。

（二）体育教育的本质及其概念

与体育一样，对于体育教育的概念也有很多争论。究其争论的原因，包括社会制度、文化历史背景、经济发展水平及体育教育的观念等多方面内容。要想更好地研究体育教育的概念，首先就要研究体育教育的本质，这对于体育教育概念的界定也是必需的。体育教育的本质包括两方面的内容。

1. 体育教育的教育属性

体育教育在育人教育行为中是不能缺少的重要组成部分。从表面上看，体育教育主要是通过对学生身体方面产生一定影响，并在这种影响的作用下达到对身心及社会适应力方面的全面发展的教育过程，是全面发展教育的组成部分，具有鲜明的教育性、教养性和发展性特点。

体育教育最大的特征就是以学生身体活动为特征。通过身体活动，使人的教育得到一种另类形式的补充，也就是说它是多种学科教育的补充与完善，这种教育的形式是实现马克思历史观念中人的全面发展的重要方式。不可否认的是，体育教育作为一种特殊的教育方式，它是一个培养人和教育人的过程，通过这种形式体育教育达到培养全面型人才的目的。因此，体育教育的本质也是以实现育人为最终目标。要想最终达成具有全面育人效果的教育工作目标，需要通过德、智、体、美等多种形式的教育形态获得，显然这并不是一种单一的工程，其中的每一个系统也都要在自己特定的文化形态下以育人为出发点。这里需要说明的一个问题是，平时常说的德、智、体、美全面发展并不是将这几项内容简单叠加，好比如果以某一方面为目的进行重点培养，那么尽管有全面发展的教育方针作为基础，也仍然不能按理想状态那样培养出全面发展的人。因此，包括体育教育在内的育人活动都必须在育人的各个环节中紧扣"四育"，只有这样，这种教育的过程才能获得预期的效果。就是说，对于体育教育来讲，教育不应只将发展人的身体素质作为体育教育的根本，而是应该明确仅以体育教育的形式来实施全面地发展教育。而从实际来看，体育教育本身确实也具备了这种条件。

2. 体育教育的社会属性

体育教育并不是一成不变的，它会根据社会的政治、经济、文化的发展而变化。这个变化的趋势或是进步、或是退步，但直到今天的总趋势是进步的，而且在近一百年来的发展更为迅猛，也越发得到人们的普遍重视和认可。因此，体育教育必须为培养一定社会所需要的人才服务，可以说，这是社会发展对体育教育提出的新要求。

为了达到这一要求，体育教育就要紧随社会的发展而发展，力求为社会的政治经济服务，这可以从体育教育的产生与发展过程明显地看出。例如，古希腊斯巴达教育制度中偏重于军事和体育训练，"绝对服从，承受艰难困苦，打仗和征服别人"是他们所追求的目的，因而斯巴达人要接受严格、残忍的军事训练，这些军事训练项目主要为角力、赛跑、跳远、掷铁饼、掷标枪等体育教育的方式体现，这时的体育教育显然是为战争服务，这是当时的社会环境决定的。

到文艺复兴时期及以后流行的资产阶级教育将体育教育也视为一种为战争服务的工具，只是战争的目的不同而已。例如，教育家洛克的"小绅士"教育中，提倡儿童要饮食合理、营养丰富、养成良好的生活习惯；多做户外活动，洗冷水浴，会游泳；要忍苦耐劳，能适应各种气候的变化。这一系列的要求只为一个目的，那就是要具有强壮的体格和超强的适应恶劣环境的能力，从而在必要时能拿起武器去当兵打仗。

时间来到现代后，越来越多的国家更加重视体育教育的重要性。而现代体育教育更多地是作为一种完善人格和满足身心发展需求的教育方式，尽管它仍旧具有强健体魄、保家卫国的作用，但从本质上这种作为战争工具的意识开始逐渐淡化。为了使体育教育能够科学合理地进行，许多国家重新对其进行了规划并制定了专门的体育教学大纲。正是因为这种重视，才使得体育教育的地位不断提升，体育教师队伍的建设也获得完善，这些举措都促进了体育教育的发展。其中走在前列的要数我们的邻国日本，1985年6月，日本临时教育审议会曾向首相中曾根康弘提交了总理府第24总会关于教育改革的报告，日本学校体育界依据该报告精神，向政府指出了学校体育教学改革的基本思想和措施，提出尊重和发展个性为目标，促使学生德智体和谐发展，向生涯体育方向发展的建议。前苏联也在这方面给了人们很多启示，他们于1984年对学校体育教育提出了新要求，并进行了一系列的改革，从1985年开始制定和颁布了新的体育综合教学大纲，并相应为此采取了一系列措施。他们对于体育教育改革的理论认为，进一步发展体育运动是新时代人发展的迫切任务。

从上面的论述中可以得出，社会体育教育是通过对人身体方面施加一定影响的教育，并培养一定社会所需的体魄健康和具有一定道德意志品质的人。因此，根据体育教育的本质可以阐述体育教育的定义，即体育教育是指以生产生活需要、人体生长发育规律和身体练习为基本手段，以增强体质，促进人的身心全面发展而进行的一种有意识、有目的的身体教育过程。

（三）健康教育的概念

体育教育与健康有着莫大的关系，这与体育教育的理念和功能有关，而人体的健康确实也需要依赖于体育运动的形式来实现。美国教育家鲍尔对健康的理解为它是人们身体、心情、精神等方面都自我感觉良好、精力充沛的一种状态。而更具有权威性的世界卫生组织则在1989年提出了健康四层次理论，即健康包括人的生理健康、心理健康、道德健康和社会适应性健康。

健康教育在现代教育中属于素质教育的范畴，健康教育的内容主要为传授健康知识和建立正确健康的卫生行为。现代健康教育已经成为了一种有组织、有计划的教育活动，它如今已变得越发系统，有一定教育指导纲领。健康教育的宗旨是促使人们在正确健康理念的指导下能够自愿地采用有利于健康的行为方式，降低发病率，提高生活质量，并对教育效果作出评价。这种健康教育显然对于各个年龄段和群体的人们都有较大的益处，特别是对正常养成生活习惯的各级学生来讲更为重要。因此，各级学校也应该重视对学生进行多种健康教育，应以良好行为习惯和个体自我保护能力的培养作为重点，与学校体育共同完成增进学生健康，增强学生体质的任务是学校健康教育的过程。

健康教育包括的内容很多，而人们最常接触到的卫生知识和健康生活方式的宣传动员只是其中很小的一部分，它不是健康教育的全部。从更广泛的视野来看，诸如全民健康的改善和疾病的预防、残疾和死亡的减少等内容都应该属于健康教育的范畴。另外，心理健康教育、运动伤病防治、疲劳的消除、饮食与营养、行为健康（生活习惯与生活方式）、安全教育、性健康教育等都是健康教育要涉及的内容。由此可见健康教育的范围极广。

三、体育教育的构成

（一）体育教育的内部结构

体育教育是人与人配合完成的一项有意识、有目的的身体教育过程。因此，人与人的关系就是体育教育的主体关系，即体育教育的指导者和学习者，简单地说就是指开展体育教育活动的体育教师和学生。另外，体育教育与其他学科教育一样，需要在一个教学在体内开展教育活动，只不过这个载体从教室变成了体育场，教具变成了多种体育器材。由此可知，体育教育的内部结构就是由作为体育教育主体的体育教师、学生和体育教育目的及体育教育载体构成的。

（二）体育教育的外部结构

体育教育的种类和形式很多，它不仅限于在学校之内。但为了能够使人更加清晰地了解体育教育的外部结构，我们可以将学校体育教育作为案例，这是由于体育教育是学校教育的一个重要组成部分，它可以依据学校教育的层次结构进行划分。为此，便可以将学校体育教育根据学龄段的不同分为学前体育教育、初级体育教育、中级体育教育、高级体育教育四个阶段。具体各个阶段的体育教育与要求如下。

1. 学前体育教育

幼儿是学前体育教育的主体之一。对于价值观和身体尚未成形的、年龄处在3~6岁的幼儿来说，对其开展的体育教育首先应立足于多方面素质的全面发展。具体来说，可从生理层面、心理层面和社会层面三个层面界定幼儿体育的含义。生理层面是幼儿素质发展的生物前提，主要反映为幼儿本身的自然力；社会层面主要反映为幼儿素质发展的性质、方向和水平；心理层面是幼儿的社会实践活动和生命活动相互作用的中介。

2. 初级体育教育

初级体育教育主要是指小学阶段的体育教育。在小学生年龄段内，学生的可塑性大，好奇心重，并具有极强的模仿能力。因此，针对这一阶段的学生而言，应该有一套与之相匹配的并且满足素质教育要求的体育教育内容、方法和手段，力求为其终身体育和终身教育打下良好基础，真正对小学生实施素质教育。

3. 中级体育教育

中级体育教育主要是指针对初中和高中阶段的学生开展的，它是初级体育教育与高级体育教育之间的过渡阶段，同时也是联系初级体育教育与社会之间的桥梁，为社会输送中级专门人才和熟练劳动者的重要桥梁。因此可以说，中级体育教育在整个体育教育体系中处在一种比较特殊的地位上。如果在此阶段不能衔接到位，那么势必将会影响一个学生接受体育教育的连贯性和自发性。

4. 高级体育教育

高级体育教育，是指高校对大学生开展的体育教育。它是一种相对比较特殊的高级教育，在这一阶段中，体育教育既具有以往任何阶段的体育教育的特点，又要特别注意适应体育发展的形势；既要与现代体育教育的发展趋势相吻合，又要把握体育教育发展的趋势，达到与时俱进办体育教育的效果。高校是将学生转变为社会人的最后一个过渡阶段，因此这一阶段就成了学生接收学校教育的最后阶段，为此，高校体育教育应该抓住这一时机，加强体育教育的育人作用和对其终身体育行为的引导作用。由此可见，高级体育教育不可或缺，它的质量水平与最终培养出的人才的质量有着不可分割的关系。

第二节　体育教育学的发源

一、体育教育的产生

体育来源于人类长期的生产实践中，它一直伴随着人类的发展而发展。后来人们给体育加入了更多元素，使之成为具有更多功能的事物，如教育功能、生存功能、军事训练功能和竞技功能。体育的存在逐渐形成了体育文化，而体育文化也是人类文化的重要组成部分。因此，随着文化的发展，文化下行的子文化也会随之获得发展的机会。我国的华夏文明源远流长，文明中所蕴含的文化种类多种多样，其中也包括传统体育文化。我国自古便开始了有关体育运动的实践及研究，并最终使得体育运动成为我国的优秀文化遗产之一。

体育的传承需要体育教育的存在，从某种程度上来说，体育教育也可以被用来作为评判社会文化发展的标尺。但是必须承认的是，我国体育文化在历史中很长一段时期内都不是主流文化，甚至遭到人们普遍的鄙视和不屑。另外，我国古代体育文化由于受地域因素影响，表现出了更多的封闭性、区域性等特点，从不同的文化价值观和规范方面来看，不同区域诞生的区域性体育文化往往差异极大，不具有普遍性特征，因此对于传承来说有一定困难。

（一）我国文明孕育下的体育教育

我国是一个文明古国，在我国的文明理念中，自古就对教育异常重视。尽管从历史来看，我国的教育内容重点主要放在了对学科教学（文学、哲学、医药、理政）方面，但这并不是说体育教育就不否视。

时至今日，现代体育已经为我国带来了较多利益，这与我国自古就以农业为立国之本的国家产业性质有关。从文献记载来看，早在我国夏朝时代就已经在教育中出现了体育教育的内容，如夏代已有称为"校""序""庠（音xiáng）"等不同名称的学校；商代又出现了"大学"和"庠"两级施教的学校教育；西周时，学校又有了发展，分为"国学"和"乡学"两种，这些学校均是为奴隶主贵族子弟设立的，是培养统治者和官吏的学校。在我国古代社会中，教育是一种隶属于等级地位较高的社会阶级垄断的，寻常百姓很难获得平等的教育资源和机会，实际来说甚至无法支付起教育所需的费用。奴隶制度时期，主贵族子弟学校的教育内容是礼、乐、射、御、书、数，称为"六艺"。而"六艺"中的"射、御"两艺和"乐"的一部分都有现代意义上体育的内容包含在其中。

上面提到的是从教育角度出发的体育教育，而在我国，体育教育在军事训练中的地位也是值得关注的。封建社会的战争武器通常为冷兵器，这对战斗人员的身体素质和武功技能的要求较高。为了使战士能够获得这种足以满足战斗需要的技能，就需要在日常的军事训练中着重对他们的一般身体素质和战斗技能进行针对性的训练，由此，体育教育便派上用场。例如，我国古代的甲士训练即是其中的典型；汉代的蹴鞠和唐代的马球都曾被作为军事训练的主要内容和手段。

（二）西方文明孕育下的体育教育

现代世界范围内主要的竞技体育运动项目主要源自欧洲，其起源为古代希腊。古代欧洲的体育文明中，城邦教育体系就是以体育教育为主，古希腊人的思想中似乎对人拥有强健的身体有着特殊的偏爱，进而他们就创造了非常丰富的体育生活。迄今已经在发现的大量古希腊文献中找到了许多关于古希腊人开展体育竞技活动的描述，从其文献中也发现了众多描述体育事物的术语，这些语言一直沿用至今。例如，"athletics"（竞技）、"training"（训练）、"gymnastics"（体操）等。其中"gymnastics"（体操）一词在古希腊被当作一切健身运动及其方法的总称，因此就连当时以体育锻炼为主要目的的场所也被形象地称为"体操馆"。在"体操馆"中通常设有跑、跳、投掷、拳术、角力等运动场地。当"体操"可见，在古希腊，"体操"一词近似于现代"体育"。在古希腊的斯巴达教育体系中，把体一词最开始传入我国时，我国也直接将其用来表述以身体运动为主要方式的教育活动上，直到后来从日本传入"体育"一词后才放弃原先的"体操"。

中世纪的欧洲对文明的发展可谓是处在一片黑暗状态中。中世纪的欧洲普遍处在宗教主义势力和封建专制势力的双重影响中，集权与专制使得各种竞争都不能在公平的环境中进行，而人们的思想也被完全束缚，否则将面临严酷的刑罚，那个时期唯一能够得到关注的只有欧洲特有的骑士制度。骑士在中世纪曾是备受崇拜和尊敬的阶层，当时要想把一个普通的人培养成一位骁勇善战的骑士，体育训练手段就是不可或缺的。只有接受过严格训练的骑士才能拥有健硕的身体，掌握骑士精神中最引以为傲的"骑士七技"，这些技能包括骑马、游泳、投矛、刺剑、狩猎、弈棋、吟诗七项。从实用性的角度来看，前五项技能为军事用途服务，而后两项技能则是文艺，教导人如何运用智慧。

对比东西方两种体育文明的产生，可以发现它们都离不开体育教育活动。我国西周时期的"六艺"是一种针对贵族子弟开展的教育，其最终用意在于培养未来的合格统治者。欧洲文明的发源地希腊的城邦教育体系，也是为了对人民进行体育技能教育与训练，只不过与我国西周时期的"六艺"教育不同的是，希腊城邦教育面对的是所有男性民众，用现代的话来说就是城邦教育是一种"半全民化运动"。从两者的教育目的上看，受限于当时那种历史环境和社会主旋律，必然其用途主要是为了满足战争的需要。在古代，不论是欧洲国家还是中国，战争是一种非常常见的状态，这是文明发展到那个时代的必然产物。因此，作为以培养人为社会发展做出贡献为目标的教育，其目标也必定是要为军事和社会安全服务，这是两者的共同之处。

综上所述，体育教育的最初内容就是为让人们进行学习和从事军事训练。当然不同的地域、不同的历史时代，体育教育的内容、形式均有所差异。

二、体育教育的发展概况

（一）古希腊的体育教育

如果单看体育教育发展历史的话，古希腊的体育教育显然走在了世界的前列，并且它对后世的影响直到今天。具体来看，古希腊的体育教育之所以全面，成为世界体育教育的楷模，主要在于通过人们长期追求健康体魄的思想影响下，体育教育渗透在生活中的许多方面，并由此逐渐形成了最早的体育教育体系，这个体系分为两个类型，即斯巴达体育教育和雅典体育教育。其中，斯巴达体育教育的全部特征是追求军事效力为最终目标，从而决定了斯巴达教育中含有相当多的军事体育的内容。但限于这种教育的军事目的较为明确，因此从整体的思想上表现出极大的匮乏，因此尽管这种体育教育方式获得了一时的"繁荣"，但终归被历史所淘汰。雅典是奴隶主民主国家，鉴于社会形态的不同，也就使得其教育甚至是体育教育与其他城邦国家有所区别，在这里就特别指其与斯巴达之间存在相当的差异。

两个城邦间对于体育教育的共同点都在于他们均立足于实践，体育教育的目的不仅在于强身健体，而是都有非常实际的现实意义，即用于战争。然而，斯巴达是为造就士兵而教育孩子，而雅典教育的目的则更加和平化，即要把统治阶级的后代培养合格的能履行公民职责的人。这种教育对这些统计阶级的后代要求更高，他们不仅要接受刻苦的训练最终成为身强力壮、有能力领导国家在战争中获胜的军人，还要求被教育成可以担当更多社会角色的公民。因此，从使用用途上来看，雅典的体育教师显得更加和谐和全面。由此也使得其给后人留下了丰富的教育思想，其中也包含体育教育思想。

（二）文艺复兴时期的体育教育

中世纪的欧洲在黑暗的封建统治和神权统治下前行，这一时期众多欧洲国家均受到国家政权神化的影响，在思想上宣扬除了心智及肉体之外尚有神赋灵魂。他们认为只有灵魂是至高无上的东西，而实际的肉体则是一种媒介，是可有可无的。在这种思想观念的影响下，显然对于以身体运动为主要活动方式的体育教育是一种极大的阻碍。这种思想实际上是对古希腊体育观的一次彻底否定。

随着社会的进步，封建社会开始解体，新兴资产阶级开始对封建社会进行反抗。文艺复兴运动重新修正了过往的"错误"思想，秉持新思想的思想家们喊着"回到古希腊去"的口号，以求人们能够再度把目光关注到人的本身上去。与此同时，德国受北欧文艺复兴运动的影响，在马丁·路德·金的带领下掀起了宗教改革的热潮，否定了罗马天主教会和教皇至高无上的权力，提出在上帝面前人人平等，没有贵贱之别。这两股资产阶级革命思潮推动了体育教育的发展。在此影响下，人们重新认识到体育教育的重要性，并且逐渐恢复和尝试更加新颖的体育教育方法，给后世带来了深远的影响。

（三）法国资产阶级革命时期的体育教育

法国的资产阶级革命对于欧洲历史来讲是一次划时代的转折。作为在欧洲大陆最具影响力的大国，18世纪资产阶级革命前的法国是一个典型的封建专制国家，其在资本主义革命后，资产阶级在国家许多领域中获得了主宰地位，成为了经济生活中一股不可忽视的力量。在资产阶级的领导下发起了启蒙运动，在这场轰轰烈烈的运动中出现了一些著名的教育家、思想家。

让·雅克·卢梭是那个时代最杰出的思想家和教育理论家。他提出要对新生的一代施行自然教育，意图让人从小置身在大自然中自然的发育成长，然后逐渐成为一个全面发展及成为一名尚武有力，勇敢能干的人。卢梭的身体教育思想主要有以下两点。

（1）任何社会问题之所以产生都在于人性恶，而恶首先产生于人的体弱。所以只有通过培养刚强的青年才能改变社会的丑恶。

（2）孩子学会同自然界斗争的本领越多也就越灵巧，因此必须训练青少年的感觉器官。卢梭提出的训练方案是克服各种自然障碍，如爬树、翻越石墙等。同时，他沿用了洛克的劳动教育思想，采用各种手工劳动训练孩子。赞同洛克关于积极休息的论点，提出智育和体育相结合的方案。

卢梭的教育思想深受人文主义教育家的赞赏，在德国等地开办了以卢梭思想为指导的泛爱学校，如贝纳特·巴塞多在德绍的一位公爵资助下办了一所泛爱学校，在推广泛爱主义教育中，古茨穆斯的影响为最大。他制定了泛爱教育中身体教育的体系，主要含有三方面活动。

（1）利用户外游戏发展儿童的个性和意志品质（如培养灵巧和谨慎的作风，增强注意力、记忆力，培养想象力等）。

（2）利用各种手工劳动增强手部技巧和能力。

（3）对身体本身的练习，即利用跑、跳、投、摔跤、平衡、举重等练习方法增加力量和耐力，培养能够借以解决生活中出现的问题的能力和品质。

（四）现代体育教育的发展概况

为更好地说明现代体育教育发展概况，特选择以我国最有代表性的高校体育教育为例。在现代我国高等院校中，体育教育一贯注重对体育内涵和体育教学质量的强调。这不能被认为是不利的，但过分注重结果就是对体育教育外延发展的忽视以及导致对结构优化的忽视。造成这种情况的原因与我国长期在计划经济体制下发展不无关系，这种环境势必就造成了封闭性体育教学发展模式的最终形成，进而使高校体育改革总处于社会发展之后很久才得以进行。长期以来，我国高等院校的体育教育的主要任务仍旧以增强学生体质为主，直到现代才开始逐渐加入更多人本理念。不过从实际情况来看，以高校体育教育为代表的现代体育教育在育人方面的结果仍旧停留在表面上的对某种运动技战术的掌握，或是通过体育教育达到提升学生身体素质的层面。这虽然不错，但是还不够。再加上相关体育教育领域研究对"育人"目标的具体内容尚没有完全确认，如此则会使得人们对其意图难以把握。受传统体育教育思想的影响，我国高校体育教育管理部门往往并不太看重对学生真实体育能力的培养，而是过于对量化指标加以关注，如关注一个自然班中有多少人引体向上能够超过标准线等。在这种标准下得到的体育教学成果显然是片面的，不能完全展现出学生通过接受体育教学获得的自身转变，而这一点恰恰是体育教育最应该关注的内容。在体育教育实践方面，也缺乏培养体育能力的方法和手段。实际上，对于大学生的能力培养，课程建设起着很重要的作用。现代我国体育教育的现状确实是以竞技项目为主要内容，以此为内容本没有问题，问题在于课程的设置显然已与"终身体育"观念相违背。这使得体育教育在教学中仍旧以让学生掌握某项运动知识或技能为主要目标，重接受轻创造，最终导致了教学要求和标准的降低，进而使体育教育质量始终停滞不前。

目前，与其他学科的教师相比，高校体育教师队伍无论在学历层次还是知识结构层次上都存在差距，这显然也是不能被回避的问题。现代体育教师大多是在运动技术教学模式下培养和成长起来的技术型、训练型体育教师，他们更注重实践而轻理论，大多数学历不高，科研能力普遍较弱，一专而不多能。面对体育教育部门进一步深化体育教育改革的要求，这些现状和问题都是亟待解决的。

（五）未来体育教育的发展趋势

1. 以健康体育教育为基础

联合国教科文组织对健康教育和学校健康教育的概念做出了更具体的定义，在教科文组织的《综合学校健康教育：行动指南》中指出了接受健康教育是每位少年儿童的基本权力，要在他们的思想中树立起健康的价值观，并且具有一定的实践能力，以此达到提升全世界人民健康水平的作用。

未来体育教育应该以体育教学为渠道，从多方面开展体育卫生保健教育，其中要以身体练习为主要教育手段，以此达到增强学生体质、促进身心健康全面发展，为社会培养更多可用人才的目标。由此可见，健康教育和体育教育是紧密相连的，且能够相互促进。鉴于此，未来体育教育的发展方向必然会朝着更加突出"健康第一"的方向前行，使学生懂得健康对漫长人生的重要意义，掌握一定的保健养生方法和运动技能，并激发他们热爱体育、热爱运动的动机，自觉将体育作为他们生命中必不可少的组成部分。

2. 以素质体育教育为指导

素质体育教育是素质教育概念下的一个重要教育手段。素质体育教育的本质是通过这项教育可以让学生产生主动参加体育锻炼的意识，使用正确的锻炼手段健身等。它是面向所有学生的，使他们的身体和心理都能得到健康发展。

诸多实例表明，人的身心健康素质是其他素质养成的基础。而身心健康素质教育则刚好对症下药，对人的身心健康水平进行针对性教育。具体来说，就是通过接受身心健康素质教育，可以使人具有健美体形、优秀体质、精神饱满和体能充沛，并养成稳定的心态和优良的体育锻炼生活习惯。这样便能使接受这一教育的人的身体结构中的各个部分与系统都能获得协调，进而表现出对外界环境更快的适应能力和运动能力，为未来学习、工作和生活的高质量夯实坚固的基础。

3. 以愉快体育教育为过程

愉快式体育教育最早出现在日本，当这种体育教育形式传入我国后，即刻在我国体育教育界和广大体育教师中产生了巨大影响。这种愉快式体育教育很好地解决了体育教育中最大的"敌人"——厌学。愉快式体育教育具有一定的意义和内涵，这主要体现在以下三点。

（1）愉快体育教育可以最大限度地提升学生参与体育活动的兴趣，进而提升他们主动参加体育锻炼的积极性。

（2）愉快体育教育可以让学生充分体会到体育带给他们的快乐。在这种教育中他们可以体会到成功与进步，这对激发一个人的喜悦体验有较大帮助。

（3）愉快体育教育面向的群体为全体学生，它旨在全面提高学生的身心健康水平。

随着我国体育教育改革的步伐越发加快，再加上素质教育的理念指导，经过一段时期的理论研究和实践发展，我国体育教育部门对愉快体育教育有了更多的理解。

首先，对于愉快体育教育的认识也更加明确，即它是一种心理体验。通过愉快式身体锻炼可以让学生体验到快乐，这种快乐也许来自汗水，也许来自成功，亦或是来自单纯的运动体验。不管怎样，这种愉快地体育教育过程必将成为未来体育教育发展的趋势。

其次，愉快体育教学在实施过程中仍旧没有摒弃学生在这一过程中的主导地位，注重学生个性化发展，以及它仍重视师生和谐的教学关系。

通过上面的论述可知，愉快体育教学不论是从理念还是从教育实践过程都注重了创造性内涵，与过往单纯的教师教和学生学不同。这显然对丰富体育教学内容，开辟课外活动，激发学生的体育兴趣，培养学生的体育意识具有更加积极的意义。

4. 以终身体育教育为目的

"终身教育理论"的思想是20世纪60年代中期由法国教育学者保罗·朗格朗提出的。从现代角度来看，终身体育的意义非凡，并且得到了几乎所有体育教育学者的认可。终身体育概念致力于使人们养成与掌握进行体育锻炼的习惯和方法，并且能在人的一生中自觉自愿地履行。在人们日常的生活中，人们可以根据自身的特长或兴趣爱好选择感兴趣的运动项目，享受运动带来的良好身心体验，并持之以恒终身从事体育运动。

终身体育是未来体育教育的发展趋势，之所以这样认定主要与其在现代已经成为体育教育新理念付诸实施，并受到良好效果有关。为了更好地了解终身体育的理论知识，在下节内容中有更加详细的阐述。

第三节　体育教育的目的和功能

一、体育教育的目的

（一）体育教育的主要目的

教育的目的可以被认定为是将一个人包括体力、智力、情感等诸多因素综合起来，使之成为一个更加完善的人。由此，体育教育目的在本质性的教育目的的指导下就具有更加明确的指向作用。通过总结归纳，体育教育的目的主要包括以下几个方面。

（1）全面锻炼学生身体，促进学生身心和谐发展，培养学生健康的体魄，提高学生的身体素质。

（2）提升学生对体育运动的参与与实践能力，培养"终身体育"意识，力求成为体育人口。

（3）加强学生心理素质，培养良好的社会适应性，为大学生将来走向社会打下良好的基础。

（4）培养大学生团结协作的集体主义精神，并发展其良好的智力水平，提高其独立解决困难的能力。

（5）培养大学生基本的审美能力，不仅包括对体育赛事的观赏能力，同时还包括发现事物美的能力。

（二）体育教育目的的实现途径

要想使体育教育的目的得以实现，就必须通过某种途径或载体开展体育教育活动。而这种载体显然就是指日常学校中开展的各种体育课程教育与课外体育活动。为此，就需要对这两种体育教育形式进行分析。

1. 体育课程教育

（1）体育课的概念。

体育课是学校体育教育的组织形式，是实现学校体育教育目的的基本途径。在我国，体育课已经被认定为任何级别或专业院校的必修课，它根据体育教育指导大纲开展，拥有专门的教材和指导人员并且需要教学所必须的基础或丰富的场地器材设备。另外，体育课与其他学科一样，定期要举行项目考试，从而成为对学生进行系统体育教育的过程。

（2）体育课的特征。

1）课程内容的广泛性。

在我国，长期以来用"体操"来表示现代的体育课，但是经过长期的实践和理论研究后发现，如果仅仅将其定义为"体操"，在某种程度上讲显得过于重视对身体的锻炼而忽视对人其他方面的锻炼，而"体育"则能很好地将这种以身体运动为主要形式课程的其他教育意义表现出来。时至今日，体育课的意义不仅在于能够掌握某种体育运动技能，它的意义更在于力求通过体育教学能够让学生以此为方式，掌握快乐体育的心态和终身体育的行为习惯。要让学生在毕业之后乃至更长的人生中践行"终身体育"理念，使学校体育教学真正转变为以追求身体体质的发展和技术为最终目标的传习，以求真正使学生在体育课中收获丰富，切实体会到通过参加体育课给自身生理和心理带来的良好体验。

2）课程宗旨的教育性。

体育课的宗旨带有极其显著的教育性特征。在这种教育性宗旨的指导下，体育课可以推陈出新，尝试使用新标准或与素质教育紧密结合，以此来实现体育教育目的。

另外，这种体育课程的教育性还使得多种体育活动成了学生个性或特长的发展平台。学生可以通过创造性的学习，激发他们的热情和积极性，以此培养学生的健康意识、求知精神和奋勇争先的性格。而且，在这种氛围下，学生为了有更好的体育表现，甚至还会尝试一些新颖的打法或战术，且不论这些新思路是否可行和正确，其探究的过程都是值得肯定的。

实质上，教学过程的意义远大于教学的结果，学习的过程就是一种培养学生创新精神和实践能力的过程，同时也是学生学会学习和形成正确价值观的过程，与单纯的以学习到某种运动技能相比，这点显然更加富有价值。

3）课程结构的合理性。

体育教育在现今表现出了一些稳定性的特点，这种稳定性主要体现在其教育形式和教育方法方面。但是，任何事物都是需要向前发展的，体育教育也是一样，如果只是满足于目前的教法，那么很难与时俱进，更不可能满足学生的需要。因此，在这种要求下，体育教育就需要多方面的课程结构调整。我国针对这一问题进行了一些研究和尝试，并推出了体育教育的新标准，这个标准要求体育教育的课程结构既要发展学生的身体基本能力，也要根据学生的兴趣爱好开设一些选修课，如足球、篮球、乒乓球等。除教学方式外，在教学的要求上也要做到逐渐深入，由浅入深、由易到难，以使得体育教育能够从知识的结构上体现出其所具有的实用性和社会适应性。

4）心理适应的融入性。

由于理念的问题，以往的体育教育只是简单地将竞技体育运动中的某个项目直接"拿来"，稍作修改后便直接作为教学内容使用。这种情况往往使得学生认为所学内容枯燥、无趣，长此以往则可能使学生对体育教育感到厌烦。而体育教育改革后，各个学校开始重视以人为本的体育教育理念，注重从兴趣入手，引入了学生更感兴趣的项目，并且对所学项目进行了适当的修改，从而最大化地减少体育的竞技属性，走出单纯以学到运动技术为目的的体育教学误区。为此，教师也要在教学中注意时刻将心理培养和社会适应能力培养融入到教学中去。

实践表明，这种心理适应的融入性发自于学生的真实情感，那么教师就要对学生的这些心理情感体验予以关注，深刻分析学生在体育学习领域中的兴趣点和动机，关注动机培养以准确把握学生学习的积极性，即便是在年度考核时也不以某种量化方式作为考评标准。实际上这种融入性就是完美地将学生爱玩的天性进行一种理性地转换，让他们能够在这种"理性"中认识终身体育，要让学生能在体育课上不断地体验到成功的喜悦，这才是解决学生脱离学校即离开体育锻炼问题的最好解决方案。

因此，为达到这种效果，需要在教学中设立模拟场景。这个场景要经过多重考究，以至其不仅能够引导学生如何解决困难、培养意志，还能让学生在体育课上感受到团队协作带来的集体成就感，而这也是现代学生所最为缺乏的。

5）体育资源的开发性。

体育教育需要一定的体育资源予以支持。我国是一个体育资源相对匮乏的国家，因此对于已有的体育资源要珍惜使用，与此同时，在可能的情况下还要力争不断自我创造或完善体育资源。

综合来看，体育教育资源包括人力资源、物力资源和财力资源。其中财力资源往往是物力资源的保证。再细化来看，体育教育资源有课程内容资源、课外和校外体育资源和体育兴趣资源等。体育课程教育可以激发教学主体挖掘体育资源的能力，如师生可以根据实际情况灵活地设计课程内容，在一些条件相对艰苦的地方甚至可以自制教学器材和规划教学场地，另外，还可以开辟另类的场地，如充分利用自然环境开展郊游、远足、登高等项目，从而能够从多角度对有限的体育资源进行高效利用。

2. 课外体育活动

（1）课外体育活动的概念。

课外体育活动与体育课程教育一样，它们都是我国体育教育的重要组织形式。而相比体育课程教育来说，课外体育活动的灵活度更高，种类更丰富。从实践中来看，学生对课外体育活动的形式也更为感兴趣。

课外体育活动的种类包括早操、课间操、自由活动课等形式。近年来随着体教结合的趋势，一些高校中还出现了课外运动训练与课余体育竞赛。除此之外，一些条件较好的学校还会经常组织学生参加户外远足、郊游、夏令营、冬令营、拓展运动等形式的体育活动，深受学生的喜爱。

从作用上来说，课外体育活动的形式非常重要，它是一种对课堂体育教学内容的补充和提高。它之所以能够较体育课程更加受到学生热衷的原因在于，课外体育活动的形式更加多样，能够满足不同体育需求的学生参与体育运动，这就有效提高了他们参与体育运动的动机，可以切实学到他们期待的体育知识或技能。而且，课外体育活动作为校园体育文化的组成部分，也可以丰富学校课余文化生活，提高学生学习和生活的质量。它是体育课程教育的良好补充与完善。因此，这两种形式的体育教育缺一不可，两者互相补充、互相支持，如此才能够实现学校体育的目标。

（2）课外体育活动的特点。

1）定时与不定时相结合。

从上文中提到的课外体育活动的种类中可以知道，早操和课间操活动通常为在学校确定的统一时间内进行，在这个时间段内，除遇到恶劣天气外，学生必须参加。而自由活动时间内的体育活动，学生可以自由参加，但在这一时间内尽量鼓励学生离开室内环境，哪怕是溜溜操场或晒晒太阳也是对身体有益的。从目前形式上看，主要靠学校宣传，启发促进学生自觉自愿参加，在选择锻炼项目上有较大的灵活性。

2）自主性与指导性相结合。

课外体育活动的自主性与指导性相结合主要是对自由活动时间中的体育活动而言的。自主性是指学生在这段时间内可以在条件允许的情况下选择自己喜爱的运动项目参与，但是尽管如此，仍旧有许多学生可能会选择不参加任何运动，这时就需要体育教师给予一定的指导和督促，以便让他们尝试参与到某种运动中去。这种便不属于自主性参与，而是一种被动参与，需要辅之以宣传教育、加强指导。需要将自主与指导相结合。教会学生用运动处方去锻炼和养护自己的身体，力求使他们在这种指导下逐渐发掘对某项运动的兴趣或对某种健康生活方式的选择。

3）灵活性与效果性相结合。

前面说到了课外体育活动具有突出的灵活性特点。具体来说就是课外体育活动的内容较之体育课程教育更加丰富且形式多样，可以满足学生对课外体育活动广泛兴趣的渴望和要求。它可以选择那些不在教学文件中的体育运动项目，或是可以将某种运动进行改变规则或玩法后形成的新型体育游戏。但这种变化要以充分考虑到某项活动对学生身体发展的效果为前提，以防止改变、改编后的体育运动单纯的成为了一种游戏，从而不能达到体育运动的健身要求，这就是从获得的效果性方面考虑的。

二、体育教育的功能

（一）体育教育的健身功能

1. 体育教育可以促进人的生长发育

学生接受体育教育可以适时改善人体多方面机能状态，如促进新陈代谢，促使身体发育更加完善、拥有苗条的身材等，对于正处在生长发育期的青少年来说这点非常重要。以对学生的骨骼生长的益处为例，学生通过定期接受的体育教育和课外体育活动可以有效促进骨骼生长，具体可以使骨骼变粗、骨密质增厚，进而提高骨骼抗弯、抗折和抗压能力。除此之外，参加体育教育还能使学生告别越发增多的肥胖身材等。

2. 体育教育可以提高人的机能水平

人体机能种类多样，每种机能都对人体行为起到重要作用。而机能的状态如何，对参加体育教育的依赖性较强，至少在学校体育阶段是如此。体育教育能使人体内能量消耗增加，代谢环节加速，这有利于陈旧或不利身体健康的物质尽快排出体外。另外，参加体育教育还可以加速血液循环，由此可以对人体多种循环系统工作状态的保持带来益处。

3. 体育教育可以促进人的神经及大脑功能健康发展

经常进行体育锻炼，可以使人体神经系统保持良好的状态，如对外界的刺激反应较快、控制能力较强等。另外，体育教育还可以使人体大脑获得充足的血液供应，新鲜的血液可以提升大脑机能，促进大脑皮层保持兴奋状态，这对学生的日常学习非常重要。对于神经系统来讲，体育教育可以使学生的兴奋和抑制更加集中，神经过程的均衡性和灵活性加强，这点的集中体现就是学生可以对突来的外界刺激做出最为快速的反应。

4. 体育教育可以调节人的心理状态

体育教育能使学生获得良好的身心体验，这就说明运动对人的心理可以产生作用。经常参加体育运动的人大多数都拥有阳光的心态和开朗的性格。现代社会中的各个领域都充满了竞争，人们为了获得更好的生活环境必须要在高压、高负荷的状态下学习与生活，久而久之便会使其心理出现变化，如产生焦虑、不安、抑郁、烦躁和自卑等不良心理。此时，最好的方式便是通过某种渠道来调节这种心理，使其能够获得发泄的途径，这也是保持心理健康的重要方式。体育教育在这个环节中可以起到重要作用，学生从事自己感兴趣的体育教育，本质上是一种快乐，是一种人的本性的抒发，它可以活跃人的情绪，调节人的精神。由此可见，体育在现代心理调节方法中是经常被使用到的。

5. 体育教育可以提高环境适应能力

当人在某一种环境下长期生活后，会在脑中形成一种固定的模式，久而久之，一旦离开这种环境后，便很难对新环境尽快适应，进而产生不良心理。

进行体育教育可以提高人体适应现代生活的能力。通过体育锻炼的形式，可以对人身体产生可塑性，这与体育运动本身的变化性有关。在这种情况下，人们可以使自身对外界环境的适应性提高，而且非常适合用来培养青少年学生对环境的适应能力。

（二）体育教育的教育功能

1. 体育教育的德育作用

"德育"的全称是思想品德教育，对德育内容的设定是基于社会要求、教育意图以及人的身心发展特点而定的。德育教育是一项系统的教育。

体育教育在对学生进行思想品德教育方面，具有特殊的德育作用，能培养学生具有勇敢顽强的拼搏进取精神，同时在培养学生爱国主义，集体主义精神以及严格的组织纪律性方面，也具有重要的功能和作用。

体育教育是向学生进行共产主义理想教育和建设社会主义精神文明教育的重要手段。体育活动具有对参加者和参观者进行共产主义思想品德教育的巨大潜力，体育运动已成为新时期对学生进行思想品德教育的良好"载体"，这就是"寓思想品德教育于身体活动之中"。作为教育的一种特殊形式，体育教育的过程同时也是影响学生思想道德品质的过程，这是不以人的意志为转移的客观规律。

体育运动本身就是一个有章可循的社会活动，它对培养学生遵守社会公德和生活准则是一个很好的强化。体育运动是一个特殊的社会活动，它不仅增强体质，而且还创建新的人际关系。在这一过程中，易于树立良好的道德品质观念。

我国现代正处在现代化建设的关键时期，对于具有高素质、全面型人才的需求量逐渐增加，要想获得这样的人才，就必须牢牢地把握体育教育的德育功能，使学生获得正确的人生观、价值观、世界观，拥有集体主义思想、高尚品质和良好的情操。这就解释了人们常说的"要想做好事，先要做好人"的话。

2. 体育教育的美育作用

美，存在于生活中的许多角落，关键在于如何发现美，用什么方式发现美，在发现美后还要懂得如何去欣赏美。审美并不是人们与生俱来的能力，它需要后天的培养。所以，要想培养全面发展的人才，美育也是关键环节，起到重要的辅助作用。它与智育、德育、体育是相辅相成、互相依存和互相促进的。

学校教育的目标是要培养满足社会需要的全面型人才。为了能够突出全面的特征，审美教育就不可或缺。从实际用途来看，美育的作用并不突出，然而作为全面型人才的辅助教育却会给人的一生带来较大影响。事实上，美育作为体育教育中的内容有它独特的教育手段。体育本身就具有动态美、肢体美和整体美等美的内容，学生在体育教学和体育活动中均可以感受和意识到这些美的现象。例如，身体美是体育自然美的表现，它表现出人体的线条、姿态的造型美、肌肉美，甚至是肤色再加上动态的状态给人视觉感官带来的美的感受；技巧美包括形态美、跃动美、韵律美和柔韧美等，它在参加体育运动的人的身上可以得到良好的体现，具体包括动作协调、节奏明快、反应敏捷等；精神美是体育运动本质中包含的内容，它也是体育之所以具有其他事物所不能及的魅力的主要原因，体育的精神美可以使体育运动绽放光芒，更有利于培养人们在精神上向更高阶段升华的意念，更重要的是感悟到精神美可以在运动中得到身体和精神上的双重满足，享受美。体育审美教育的独特功能就在于体育中的身体美、运动中的各种美的现象以及精神美是相辅相成，交相辉映，不论是参加者，还是观赏者，都能得到精神调节，使人身心愉悦、陶冶性情，进入审美的境界，培养高尚的审美情感和意识。这种审美意识是人们后天参加体育运动的结果，不是天生的本能。

3. 体育教育的心理品质教育作用

体育"足以调感情"，"又足以强意志"，这是毛泽东在《体育之研究》一文中所指出的，体现了体育教育的重要作用，即在体育运动中包含着情感、意志的教育。意志是自觉地确定目的，并努力克服困难，以实现预定目的的心理活动。良好的心理素质中，良好的意志品质是构成要素之一。然而，良好的意志品质是在后天的教育过程中逐渐形成的，不是天生就有的。体育教育便是培养学生坚强意志力的最好途径。它能够培养学生的意志品质，可以锻炼学生的意志，增强他们克服困难战胜困难的信心，并有助于提高学生的学习成绩，促进他们各方面的全面发展。

（三）体育教育的社会功能

1. 体育教育可以完善人的个性发展

不同的学科对于个性有不同的理解。哲学中认为的个性是指人的个体性。人的个体性主要表现出人与人之间的差异性，这种差异囊括人的生理、心理和社会适应性。心理学则认为个性是指个人所具有的有倾向性和稳定性的特征，具体包括性格、兴趣和情绪等。我国优秀学者刘文霞也曾对个性进行了深入地研究，她认为，人的个性需要在社会关系中产生，在这种环境下才能形成具有个体化特征的生理、心理和社会等特征，进而这些产生的特征就自然带有社会性特点。简单来说，人的个性就是个体独特的社会性。

完善学生的个性发展，就是要尊重学生的差异性、独立性和自主性。个性有健康和不健康之分，教育所提倡发展的是学生的健康个性。健康的个性不是天生的，它需要教育的引导、培植和塑造。另外，现代社会已经不像过往那样趋同，而是需要更多具有特色的个性思维的参与。体育运动为人的个性展示提供了另类的平台，这样能够为人们提供更多的展示机会，以此获得精神上的满足。作为个性教育的体育教育，一方面在尊重学生个体差异性的基础上，要通过模拟、创造多种情境去塑造学生的个性，另一方面还要给学生提供具有一定自由度的运动形式，使他们能够有随心所欲发挥自身独立性和自主性的机会。

体育教育有助于完善人的个性，培养优良的品格和心理素质。学校体育教育，是对学生进行有组织，有计划的个性培养和完善的过程，实践证明，体育教育可以有效地改善一些青少年的不良心理素质，完善其个性。

2. 体育教育可以促进个体社会化

实际上，个体的社会化就是人的社会化。人具有动物性和社会性两种属性。人之所以区别于动物，就在于他需要受到社会文明的多重限制和必须遵守基本的社会规则。社会化就是人学习社会中必须掌握的生活技能、行为规范和价值体系，以取得社会生活适应性的过程。社会化是指由生物的人变成社会人的过程。社会化是个体趋同、融入群体的过程。在人的社会化过程中，体育教育有着非常重要的作用，无论是作为内容还是手段，体育运动都是不可或缺的。体育课堂可以说就是一个微缩的社会组织，它里面也拥有与真正社会相对应的如"社会角色""社会活动"和特定的"社会规范"。师生之间、生生之间都是一种人际关系，如师生之间好似领导与下属，生生之间好似同事，他们在课堂社会中发生各种交集，如学习与磋商、竞争与合作等。在接受体育教学的过程中，学生能够体验到服从、竞争、合作、成功和失败，这就是一个适应社会的过程，不仅是这个微缩的社会，这个适应过程也对未来行将走入的社会起到作用。

体育教育有助于协调人际关系，促进青少年社会化的进程。体育活动可以带给人彼此情感上的沟通，加深彼此间的友谊，体育运动本身就是很好的语言，一次精彩的传球和一个眼神就能交流处很多的内容。这无疑会让人在心灵深处产生共鸣，在如此境界下促成的友谊会更加真切和持久。对于学生来讲，这无疑会培养他们的集体荣誉感等良好价值观念，进而会有效地促进学生个体的社会化进程。

第二章 体育教育的内涵

体育教育作为教育的一种形式，也是体育发展不可缺少的组成部分。体育教育具有鲜明的特点和功能，其发展趋势不仅体现了当今教育改革对体育教育的要求，也突显了体育教育在未来社会中的价值和意义。在当今大力提倡和发展体育教育的同时，体育教育表现出更加明显的功效和必要性，它也推动和促进了全民综合素质提高的进程。

第一节 体育教育的本质

一、体育教育在素质教育中的作用

（一）素质教育

在素质教育提出之前，我国以往的教育由于受传统教育观的影响而主要以应付考试为目标，对人才的判断标准最终是以学生的考试分数为准，即应试教育。这种教育方式和评价标准虽然较注重学生的对学科知识的掌握，但在一定程度上限制了学生的创新和实践能力以及个体的需求，也阻碍了学生的多样化发展。

由于应试教育具有片面追求高分和升学率、应付考试的倾向，使得其较偏重知识传授而忽视动手能力和心理素质的培养；教学往往以教师和考试为中心，学生学习的主动性和积极性受到严重的挫伤。并且，因为其具有明显的选拔和甄别功能，学校和教师在教学中就会很容易将教学重心放在少数尖子生身上，使青少年身心受到极大的打击，更进一步地加大了他们的心理负担。在这种教育观念的影响下，学校教育很难做到真正的全面教育，往往在考试前期一些被认为是"非主科"的课程就会被挤占，常见的有体育、美术、音乐等，极大地影响了学生综合素质的提高，学生易形成"高分低能"的恶劣现象和一系列不良行为。

　　同样，体育教育也存在应试教育的身影，普遍表现为各级各类学校体育教育的教学内容绝大部分是运动技术教学，理论教学极少，或者没有。甚至出现围绕考试项目进行教学内容设计和安排的现象，运动技术成绩成为考核学生学习和教师教学效果的主要或唯一依据。"重选拔轻普及、重技术轻体质、重考试轻发展"的现象时有发生，学生被看作是运动技术的"复印机"，而没有机会充分体会和享受运动应该给他们带来的快乐和健康，不仅使体育教育指导思想发生偏差，也导致了教学内容、方法、场地、器材的单一、枯燥和落后。而且，学生所掌握的部分运动技术由于受技术要求、场地、器材等的限制而难以在实际生活中运用，考试结束后基本就没有任何价值和意义可言，严重阻碍了学生的运动兴趣和爱好的发展及健康体育观和终身体育意识、能力的形成。

　　21世纪以来，我国人才培养和发展模式发生了重大变化，新世纪对人才素质也提出了更高的要求。针对应试教育的弊端，素质教育的提出为现代教育的发展指明了方向。在我国的《宪法》《未成年人保护法》《教育法》和《体育法》中都曾指出每名学生都有权接受全面、公平的教育，使其身心得到全面健康的发展。在中共中央和国务院1993年颁发的《中国教育改革和发展纲要》中明确指出："中小学要由'应试教育'转向全面提高国民素质的轨道"。在1999年6月颁布的《中共中央国务院关于深化教育改革全面推进素质教育的决定》中指出："全面推进素质教育，要坚持面向全体学生，为学生的全面发展创造相应的条件，依法保障适龄儿童和青少年学习的基本权利，尊重学生身心发展特点和教育规律，使学生生动活泼、积极主动地得到发展。"此外，"实施素质教育，必须把智育、德育、体育、美育等有机地统一在教育活动的各个环节中。学校教育不仅要抓好智育，更要重视德育，还要加强美育、体育、劳动技术教育和社会实践，使诸方面教育相互渗透、协调发展，促进学生的全面发展和健康成长"，并且强调了素质教育应该着眼于社会及其受教育者发展的需要，以全面提高全体学生的基本素质为根本目的，在要求学生掌握基础知识的同时也更注重培养他们的学习态度、自主学习能力、实践能力及创新能力。与应试教育不同，素质教育具有以下几个特征：

　　第一，全体性。应试教育是一种针对少数学生的精英教育，与之不同，素质教育面向全体学生，不论其成绩高低、能力强弱，旨在提高每名学生的基本素质。它反对"一刀切"的教育模式和评价方式，并主张充分认识学生个体差异性，使每位学生获得最大、最优的发展，这就要求体育教育目的、目标、内容、方法及评价标准的制定都必须考虑到学生的运动实际和需求，在符合社会发展的同时应尽可能满足个体的发展需求。

第二，全面性。素质教育要求所有学生在智、德、体、美、劳等方面获得全面的发展，它积极贯彻了全面教育的方针。在体育教育实践中，运动项目的教学不能只围绕考试项目而进行，要给学生充分的机会了解更多的运动项目，这样才能有利于学生形成正确的体育兴趣和爱好。此外，教学内容应突破竞技的范围，让学生接受更加适用于生活的体育知识，包括锻炼方法、健康理论、卫生和保健知识等。同时，体育教育的目的要在继续坚持以增强体质为核心的基础上，提高学生的心理素质、思想道德素质、体育文化素养和社会适应能力，使学生在教育的宏观和微观上都能获得全面的提高。

第三，主体性。素质教育注意对人潜能的开发，在教学中积极弘扬学生的主体性，而应试教育则将学生视为一个装容知识的容器，学生始终处于被动地位。素质教育提倡对学生人格、个性及相互差异的尊重，注重因材施教，对学生进行积极的创新意识和能力的培养，创造更多的条件最大程度地发现和开发学生的个人潜能。这就要求在体育教育过程中应以学生为本，大力发展学生的体育兴趣、爱好及潜能，为学生能自觉、自主的进行体育学习和锻炼创造条件。

第四，基础性。与应试教育不同，素质教育是力图在各个方面为学生今后能更好地发展打下基础，而并非以考试为最终目标，它是一种普遍的基础性教育。根据这一特征，体育教育要做的并不是使学生对运动技术的掌握达到精细的程度，而应以基础的运动知识、技术、技能的学习为媒介，获得更多的体育与健康、体育与生活等知识，激发学生的学习兴趣和积极性，使其喜欢运动，学会学习体育，为实现长期的全面健康提供前提条件。

（二）体育教育在素质教育中的作用

1. 全面推行素质教育为体育教育的发展指明了方向

素质教育作为一种提高人的自身素质和社会素质的教育方式，是人从"自然人"转变为"社会人"的有效途径，同时也是教育从社会本位向人本为发展的需要。它不仅符合当今教育改革和发展的趋势，同时也有助于学生动手、动脑、动口、动心能力的培养。《中共中央国务院关于深化教育改革全面推进素质教育的决定》明确提出，健康体魄是青少年为祖国和人民服务的前提条件，也是中华民族旺盛生命力的体现。学校教育需要树立健康第一的指导思想，切实加强体育教育的工作，使学生掌握基本的运动技能，并养成坚持锻炼身体的良好习惯。保证学生有足够的时间参加体育课程和课外体育活动，不许挤占体育活动时间和运动场所。举办丰富的群体性体育活动，培养学生的合作精神、竞争意识和坚强毅力。这不仅是在思想上对体育教育的发展进行了明确——以"健康第一"为指导，而且结合时代特征对体育教育的目的、意义也做了科学的界定。同时也提出，体育教育内容不仅要体现对体育文化的传承，还应注重体育教育与学生实际情况之间的联系，使学生能学以致用，对学生各项能力的综合提高产生长期效应。此外，进一步明晰了体育教育在现代社会中的价值，并切实对学生参与体育锻炼、学习体育知识的权利提供了保障，这不仅符合素质教育方针和政策的要求，也能全面促进和推动体育教育的改革和发展。

2. 体育教育的实施有利于素质教育目标的顺利实现

素质一般泛指个体在先天和后天的共同作用下形成的身心的总体水平和特征，其中包括身体素质、文化素质、心理素质、品德素质等。素质教育最终要使学生在这些方面获得全面的提高和发展，为他们学会学习、学会做人、学会生活、学会生存奠定基础，体育教育则能为这个目标的实现发挥一些独特的作用。

第一，体育教育能有效提高学生的身体素质。体育教育通过进行科学的身体练习，对处于生长发育期青少年的体质有着积极的改善和促进作用。它不仅表现在能使学生形成正确的身体姿势和良好身体形态，还能使机体各器官功能获得不断的完善和提高，对学生的全面健康有着极其重要的作用，这也正是体育教育的本质功能。

第二，体育教育能改善学生心理素质，磨练其意志。对动作技术学习和掌握的过程实际上也是经历无数失败的历程，在这其中学生的抗挫折能力、吃苦耐劳精神、坚韧的意志、面对困难的勇气和信心都能得到较好的培养，促进了学生独立能力和良好个性的形成。

第三，体育教育能促进学生知识体系的构建。与农业经济时代和工业经济时代不同，当今社会是以知识为创造财富的来源和条件，这就鞭策每位社会成员都必须具有一定的能满足社会发展需要有利于综合素质提高的知识和能力。但这并不意味着大脑里储存越多的知识就能在社会生存、获得一切，健康的身体才是进行所有社会活动的先决条件。人只有拥有了健康，才能创造更多的财富，才能在社会竞争中最大限度地体现个人价值，实现人生目标。所以，在每个人的知识体系中，除了各自专业领域的学科知识外，不能缺少的就是自主进行体育锻炼和健身活动的相关理论，它能为人们更好地发展自己提供必要的保障和支持。

第四，体育教育是良好思想品德形成的重要途径。在现代社会中，人们的道德观念获得了较大的更新，接受品德教育的途径和范围也逐步扩大，但同时也容易受一些不良现象的侵蚀，如自私自利、欺骗、暴力、歧视、唯利是图等。由于体育运动的内容和形式丰富多样，且有一定的规则作为行为约束，有利于学生形成良好的体育道德规范和价值观，并能在参与过程中充分体会和执行平等、尊重、互助、团结和信任，使学生思想品德的发展获得积极的引导和促进。

第五，体育教育推动了个体社会化进程。个体社会化是一个人学习社会生存中必要的生活技能、行为规范、价值体系，以及取得社会适应能力的过程。在这个长期而缓慢的过程中，体育教育能起到非常重要的作用。无论是体育教学活动、体育游戏，还是体育竞赛等活动，虽然拥有各自的组织形式、特征、规范和目的，但参与者之间仍然存在着紧密的联系和相互作用，如合作、探讨、竞争、对抗、执行等。另外，在特设的情境下，各自原有的角色也可能发生改变，这些都使学生能充分地体验到服从、平等、竞争、成功、失败、控制等含义及价值，逐渐凸显其个性，并不断提高社会适应能力。

二、学校教育体系中的体育教育

事实上，我国从1903年清政府颁布《奏定学堂章程》之日起就始终强调在各级各类学校教育中要开展体育教育，并且将其发展水平纳入学校建设和发展的评价指标当中。另外，在国家的相关法律法规中还指出学生在学校接受体育教育是学生的权利。因而体育教育在学校教育体系中具有相当重要的地位和作用，它对社会、学校和学生的发展都是必须具备的基础和条件。

（一）体育教育与学校教育中的其他技能教育

在如今我国各级各类学校教育的目标体系中都要求将学生最终培养成德、智、体、美、劳全面发展的社会主义建设者与接班人，这就是学校教育应该达到的"五育"。这其中的"体"最简单、直观的含义就是对身体的锻炼和发展，而在学校中学生身体的健康发展除了其自然生长发育外，还要依靠学校教育体系中的体育教育作为积极的促进和改造手段。也就是说，体育教育能为学生良好体质的形成以及身心健康的发展提供保证，这就是体育教育本质功能的体现，也是学生获得"五育"全面发展的有效途径。在学校教育体系当中，学生所接受的教育内容分为德、智、体、美、劳五个方面，这五者共同构成了学生的完整认知活动和内容结构，缺了其中任何一个要素都将会对学生的发展造成一定的消极影响。因此，在学校教育整体上这"五育"的地位是平等的，不可因为其中某一项的发展而忽略其他教育的开展，只有德育、智育、体育、美育、劳育共同发展，才能促成学生的全面进步。

然而对"五育"进行分析可以发现，它们之间存在一定的区别。在一定程度上，学校教育所开展的智育和德育略偏重于对知识的理解和掌握，比较重视脑力活动的进行。而体育、美育和劳育则偏重于对技能的学习与运用，比较注重肢体活动和实践能力的培养。学生在智育和德育方面学习能力的提高，将会对他们在体育、美育和劳育方面的更好学习和实践产生积极影响。反之，学生实践能力的增强在生理上将会提高大脑皮层的功能及记忆和思维能力，从而有利于学生在智育和德育方面获得更大的进步与发展。此外，由于体育教育过程是以身体活动为基本手段的，又具有很强的运动实践性，因而它能对学生美育和劳育的发展起到一定的促进和支持的作用。

（二）体育教育中的"五育"

体育教育作为一种改造和培养人的活动，不仅是学校教育"五育"的重要成分，而且由于该教育活动所具有的特殊性，其自身也有"五育"，即智育、体质教育、体育道德教育、运动美学教育和社会适应教育。

（1）在体育教育中由于要向学生传授大量的运动基础知识和技术技能，因而学生在学习过程中必须发挥其对知识的理解与分析能力，否则对运动技术的学习将会停留在表面的机械模仿，不能充分体会和理解动作技术的原理和效用，对学生后续动作技术的学习不能形成有利的技术迁移和辐射作用，不利于对相关和复杂技术的掌握。另外，由于我国体育课程设置的内容不断改进和完善，学生在体育教育中除了学习运动技术以外，还需学习和掌握一定的卫生保健和人体科学的知识。所以，在现在理论和实践相结合的体育教育的过程中，学生的学习再也不能简单地认为是肢体活动，它还必须借助着学生观察能力、想象能力、记忆能力、思考、分析和判断问题等能力的运用。反过来说，通过运动技术的学习也可对学生的这些智力表现有积极主动的培养和促进作用，这些都是在体育教育和学习过程中智育的具体表现。

（2）通过体育教育学生能从中获得德育的良好培养和发展。体育活动除了一些是个人的自主行为以外，还有一部分属于集体活动，在这方面可以培养学生正确的集体观念和良好的集体主义精神，如尊重、团结、信任等。另外，由于各项体育活动都有一定的技术要求与难度，学习时会对机体产生不同的要求和负荷强度的刺激，学生在从不会到会、从不敢到主动、从低水平到高能力的转变过程中逐渐形成不怕苦、不怕累、不怕脏、不怕失败的坚定意志和顽强品质，并且能树立良好的自尊心、自信心和自强心。

（3）体育教育能够促进学生审美观点和能力的形成，这体现了体育教育中的美育含义。体育教育除了促使学生学会并运用运动技能技术外，还要求学生在学习动作技术过程中形成一定的审美能力和正确的运动审美观念。运动技术的完成应该按照动作技术固有的要求和规格进行，且必须注重肢体在完成过程中在姿势、形态、表情等方面的综合表现水平与能力，以及在运动过程中表现出的对其他人的感染力与号召力。因此，通过对运动技术的学习，可以加强学生对美的认识。

（4）体育教育自身所具有的"体育"含义比学校教育"五育"中的"体育"相对狭窄，主要是指学生体质的增强与运动能力的提高。在小学阶段，学生正处在生长发育期，他们生理和心理的特殊性要求体育教育的性质主要表现为积极的活动性课程，这能帮助和促进学生的正常成长，形成良好的身体姿势和正确的基本运动能力，为其体质的良好发展打下基础。在中学阶段后，体育课程内容从以游戏为主逐渐增加运动的基础知识、技术技能以及保健卫生知识的传授和意志的培养，体育教育的重点目标也从促进学生的生长发育过渡并明确为全面增强学生体质，培养其运动能力。从整体上看，不论处在哪个教学阶段，体育教育都始终与学生的生长和体质的增强相关联，且都与学生运动能力的培养相结合，不同的是在不同的时期表现出各自的教学要求和侧重点。

（5）学生在运动过程中必须遵守每项运动自身所具有的规则与要求，但是可以在规则的约束下自由地发挥，并进行创新，因而体育教育可以教会学生形成良好的运动行为，拥有优良的纪律性和自我约束能力。并且学生接受难度逐渐变大的技术教育过程实际上也是不断克服自身限制和运动困难，逐步提升自我不懈努力和奋斗意志的过程，也是形成对失败正确认识的过程。同时，体育教育给学生创造了多样化的人际关系发展空间和条件，并在大量的集体项目活动中逐渐培养其团队合作意识。这些优良的意志、态度、品质和行为都是学生在将来进入社会后能形成良好的处世方法、价值观以及社会责任意识所必需的先决条件和积极因素，从而说明丰富体育教育可为学生的社会适应能力的培养添砖加瓦，体育教育过程蕴含着丰富的社会适应教育内容。

在宏观上，体育教育是学校教育整体结构的一部分，同时也是学生全面发展不可缺少的重要部分，在学生的整个学习生涯中发挥着积极的基础性作用，与学生的成长和发展密不可分。在微观方面，体育教育自身也拥有"五育"，这"五育"标志着体育教育知识结构的科学性、完整性和发展性，它们共同促进我国各阶段体育教育更加完善，真正体现出了体育教育所具有的学科特殊性和积极作用，也表明了体育教育发展的目的和方向。

三、体育教育与全民健身的关系

为了更好地提高全民的体质，满足人们日益增长的健身和健康需求，国务院于1995年6月发布了《全民健身计划纲要》，其中指出：全民健身计划要以全国人民为实施对象，并以青少年和儿童为重点。因为青少年和儿童的健康成长关系到国家的富强和民族的昌盛繁荣，要发动全社会关心他们的体质和健康。同时各级各类学校要全面贯彻党的教育方针，做好学校体育工作。要对学生进行终身体育教育，培养学生体育锻炼的意识、习惯与技能。该纲要从发展的立场明确指出了终身体育的重要性，并强调了体育教育对实施全民健身计划、实现终身体育具有积极的促进作用。

（1）体育教育使学生具备一定的运动知识、技术和技能。体育教育作为教育的一部分，必须承担起对学科知识的传授和传承责任。通过参与体育教育活动，学生不仅能掌握运动技术，形成运动技能，还能全面、系统地获得运动基本知识、保健方法、锻炼方法、卫生知识等，为其在日常生活中进行科学、有效的自主锻炼提供必要支持。

（2）体育教育培养学生正确的体育观，形成终身体育意识。体育观是人对体育在人类和社会发展中所起作用的认识，它包括人们对体育的价值、意义和态度等方面的看法。通过各种体育教育活动的实施，能使学生对体育目的和功能做出正确的判断，从而激发其内在的参与动机，并通过不断的运动实践而获得巩固，使学生树立持之以恒的决心、信心以及锻炼的自觉性，促进终身体育意识的形成。

（3）体育教育促进学生运动兴趣、习惯和爱好的形成。从学前体育教育到高等体育教育，体育教育内容从最简单的基本活动能力的培养开始，如走、跑、跳、投、攀、爬等，逐渐延伸和扩展，尤其是到了初中和高中阶段，体育教育内容涉及田径、球类、体操、武术、舞蹈等项目的技术教学，学习内容的数量、广度和深度都有明显加强，这有利于学生在充分了解各项运动技术特征的基础上，结合自己的实际条件正确选择符合个人需求和运动能力的运动项目进行练习，并为以后进行更加深入和系统的体育学习指明方向，从而形成正确、稳定的运动兴趣、爱好和习惯，为学生终身体育的实施提供保证。

（4）体育教育为"全民健身计划"的实施提供了人力和物质支持。目前我国高等体育院校开设的专业主要有体育教育专业、人文社会专业、人体科学专业、民族传统体育专业、体育保健康复专业等，虽然各专业的学科设置、人才培养最终目的和价值体现方式等有较大的区别，但就各专业所涉及的研究范围而论，它们都能深入到普通群众的体育活动中担负起组织、实施和指导等工作。另外，《全民健身计划纲要》指出，各种公共体育场地设施都要向社会开放，加强管理，提高使用效率，并为老年人、儿童和残疾人参与体育健身活动提供便利条件，这些都有力地支持了全民健身计划的顺利开展。

第二节　体育教育的形式

一、体育教育方法的发展

所谓方法，是人们认识和改造客观世界所采用的方式和手段的总称，它具有明确的目的指向性和实效性。因此，体育教育方法是人们为实现体育教育目的目标而采用的一切手段、途径和方式的总和。从广义上来看，体育教育方法涵盖了人们为实现体育教育目的和目标的一切体育教育活动所使用和创造的所有条件、措施、方式和手段等。

（一）体育教育方法的产生过程

体育教育是随着人类社会的产生、发展而产生和发展起来的。体育教育方法是人们在长期的体育教育规律认识的基础上不断地总结和归纳出来的，虽然体育教育方法随着时代的变迁会不断得到改善，但那些前人留下的教学经验和教法成果始终影响着现今体育教育方法的发展。在历史中，人们的一些日常活动方法就暗藏着一些体育教育方法的含义和作用。例如，外出踏青、爬山中会有类似速度、耐力和力量素质的练习方法；武术的演练中存在着类似武术教育的方法；在杂技和技巧训练中能表现出来类似体操和灵敏、柔韧素质的教育方法；在涉水的活动中存在着水上运动的教育的方法。直到近代建立体育教育制度后，体育教育方法才逐渐作为一种独立的教学研究对象逐渐被广大体育教育工作者所重视。

由于受各种时代特征及社会发展需要的影响，体育教育内容在各种社会形态和历史背景下有明显的差异，这也成为了体育教育方法发生实质性变迁的主要因素之一。

（二）体育教育方法的构成

1. 体育教育方法的目标

任何一种体育教育方法都力图对教师的教和学生的学能产生最大的效果，它的产生和使用都有明确的目标或任务，它为一定的目标服务，否则就不能称之为真正意义上的方法。如为了展示动作技术的各个环节、方向、路线和步骤等，一般会采用示范和演示等方法。

2. 体育教育方法的沟通介质

体育教育方法的实施是为了学生能更好、更快地掌握各种体育知识，教师是各种体育教育方法的管理者和执行者，它的效果最终是通过学生体现的。因此，体育教育方法也是教师与学生发生关系的介质。人与人之间的交流主要是用口头语言进行的，体育教育过程也如此。但体育教育方法除了直接使用话语外，还有大量肢体语言的运用。

3. 体育教育方法的身体动作

体育教育是靠身体练习实现其目标的，所以体育教育方法也需要大量的身体运动作为其主旨的体现和效果的表现形式，这也是它的最显著特征。

4. 体育教育方法的环境因素

任何一项运动技术的教与学都需要一定的环境支持，包括场地、器材、季节、气候等，离开了这些条件的保障该项运动的技术动作就可能被改变。

（三）体育教育方法的特征和要求

1. 以身体运动为基本特征

学生直接从事各种身体锻炼来进行体育学习是体育教育的主要特点，身体运动不仅是一种身心特点综合体现的过程，也是体育教育特有的手段和方式。体育教育过程是一种运动性认知过程，是通过身体练习将肢体运动与思维活动有机结合，掌握体育知识、技术，培养运动能力，形成正确的体育锻炼态度、情感、价值观，这也是体育教育方法与其他教育活动所采用的实施措施最本质的区别。

2. 效果的综合性

学生在从事各种身体练习时需要具有一定的体能水平，从外表上看这仅仅是一种肢体活动，实际上学生进行身体练习的过程是情感、思维、意志等活动的综合体现，在这个过程中不仅有对完成运动技术寻找方法和途径的行为，也会有相互之间的知识探讨和情感交流，这期间也使参与者获得思想道德、品质、审美能力的提升。所以，体育教育方法的实施也是体力与智力、情感、品德活动相结合、相统一的过程与结果。

3. 具有一定的运动负荷要求

各种形式的体育教育会对参与者形成一定的运动负荷，但是也只有经过适当负荷刺激的锻炼，学生的体质和健康状况才能有所改善。学生在进行各种身体锻炼的过程中，机体各系统，尤其是运动系统、呼吸系统、神经系统、心血管系统等积极参与运动，身体承受着一定生理和心理负荷。运动刺激的大小不仅影响学生掌握体育知识技能的效果，而且对于学生的健康也具有非常重要的影响。

（四）体育教育方法未来的发展趋势

1. 体育教育方法中的现代化与科技化

随着现今科学技术的发展及网络普及程度的提高，体育教育过程逐渐地借用各种电子媒介对体育教育方法进行改革和完善。从利用简单的影像设备观看有关运动的录像、课件的制作和使用开始，到多媒体技术的综合运用以及计算机远程教学和网络教学的实施，都体现了体育教育方法的科技化发展晦势，而这种趋势也必将随着社会现代化的进程，以及信息化建设的高速发展而不断扩大和加强。

2. 体育教育方法的心理效用

体育学习不仅是学生在肌体和运动行为、能力及水平等方面发生改变的过程，也是其学习动机、习惯、态度、品德、意识及个性等心理因素获得改善和提高的历程。体育教育方法具有较强的实践性和针对性，虽然有助于学生对运动知识和技术的掌握，但在其实施过程中不可避免地会对学生的心理产生积极或消极影响。现代体育教育比较强调学生终身体育能力的培养，但这必须以学生的学习动机、态度及体育锻炼意识、习惯和意志力等心理因素的正确形成和培养为基础和核心。因此，在实施体育教育过程中，对体育教育方法的选择和使用必须考虑到它对学生的心理激励和功能发展因素，从根本上提高体育教育的作用和长期功效。

3. 体育教育中要凸显个性和特色

体育教育是直接作用于人体的教育活动，受教育者自身的条件和运动状况将会影响到体育教育的实施和发展。因此，在进行体育教育过程中，应当根据受教育者的个人特点采用相应的教学和学习方法，做到统一规划、区别对待，才能保证体育教育对所有人都有益。另外，由于各地、各校的实际状况不同，以及体育教师的教学特点和知识结构也不同，导致各地、各校、各体育教师对同一教学内容的认识和实施方法手段不一，这也明显地体现出他们各自的优势和特色。

4. 体育教育方法需要注意普遍适应性

传统的体育教育制度具有很强的统一性，强调以教师为中心，学生的个性发展很大程度上受到限制。由于受应试教育的影响，体育教育内容大多是教师制定，并且与考试内容有紧密的联系，甚至是以考试内容取代正常的教育内容，不顾学生的运动需要和兴趣发展。另外，体育教育也会给予具有运动特长的少数学生较多的关注，这些都将使大部分只具有一般运动水平学生的健康受到影响。因此，在积极推进素质教育的过程中，体育教育要面向全体学生，全面发展他们的运动能力，这也要求体育教育方法要具有更广、更大的使用和适用空间、时间及对象，为每个学生的体育学习和日常锻炼服务。

5. 体育教育应该发挥学生主体性和独立性

在较长时期内，我国的体育教育主要是以教师为主进行的，学生的主体性体现较差。但体育教育不仅是将各种运动知识和技术、技能及方法传授给学生，关键是使学生能在自己的生活中有选择性的对其加以运用。因此，在现代的体育教育过程中，教师不应是主宰者，而应是主导者，学生应变被动为主动，积极发挥自己的主体作用，这就需要改变以往教师活动占主要地位的教育观念和方法，增加学生对教学活动的参与性，发挥他们独特而具有创新的思维能力，如"小群体"教学法、"发现式"教学法、合作学习法、主题教学法、目标教学法、分层教学法等，有利于激发学生的学习的主动性，培养其自主学习的能力。

二、家庭中体育教育的方法

（一）树立正确的体育观念，培养良好的体育意识

迫于现今各种考试和升学的压力，不仅使孩子失去了很多可以进行身体锻炼的时间，而且有些父母也会阻拦孩子花更多的时间进行体育活动，甚至还会认为没有必要上体育、音乐和美术等非升学考试的课程，这些孩子和家长都不能清晰、正确地认识体育锻炼本身所具有的有益功能，更意识不到体育锻炼过程对磨练意志品质、开发智力、培养社会适应能力、形成良好心理素质所具有的特殊作用，甚至认为体育锻炼是浪费时间和金钱。这些极大地影响了孩子的全面成长，并对他们正确体育观的形成产生错误导向。因此，应从源头抓起，形成正确的体育态度和价值观，把日常身体锻炼作为生活、生存和发展的必要部分，为家庭体育的开展提供思想和意识保证。

（二）掌握进行科学体育锻炼的基本方法

不管是什么形式、什么目的的体育锻炼都必须以基本的体育锻炼理论作为行为基础和规范，其中包括体育锻炼原则、体育保健方法、运动损伤的处理方法、运动技能形成规律、人体生理机能活动变化规律等知识，它们能为家庭体育的科学开展提供必要的理论基础和保障。

（三）要了解家庭成员的运动需求、能力和兴趣

体育锻炼只有符合参与者的实际运动条件，才能对人体体质和机能的完善产生积极影响。因此，在选择和安排体育锻炼的项目、活动内容和运动量时，要综合考虑各家庭成员在年龄、性格、喜好、身体素质以及健康状况、运动基础等方面的实际差异，做到满足全体，区别对待。例如：针对体育锻炼态度消极、主动性差的成员，应尽可能照顾他们的兴趣，选择他们喜欢的活动内容以激发运动动机。

（四）组织内容丰富的家庭体育活动

现今，体育的娱乐、休闲、社交等功能受到越来越多参与者的肯定和提倡，家庭体育除了具有增强体质作用外，更重要的是全体家庭成员能借此放松心情，减缓各方面的压力，使相互间的关系更为融洽和和谐，使每个人都能体验运动，享受运动，获得快乐。所以，在家庭中应多组织一些能激起全体成员运动兴趣和参与激情的运动，如登山、骑自行车、野营、放风筝等亲近大自然的活动，篮球、乒乓球、羽毛球、轮滑、游泳等具有竞技、竞争目的的比赛活动，以及一些娱乐性、趣味性较强的游戏和能修心、塑形的运动，如健美操、瑜伽、体育舞蹈等，使每个家庭都能充分利用各种家居或自然环境感受运动、创造运动。

（五）制定科学的锻炼目标和计划

家庭体育是以家庭为基本构成单位的一种群众性体育活动，虽然它的形式比较灵活，内容具有一定的随意性，但也具有相对稳定的目的和要求。在开展家庭体育之前应充分考虑到家庭整体及各成员的实际条件，包括经济条件、运动能力、运动兴趣、运动时间等，制定切合实际的家庭体育锻炼目标、实施计划和步骤，以及个人锻炼目标，并在生活、运动和健康等方面要有明确的追求，能积极的影响和感染他人，以形成良好的家庭体育锻炼氛围，为各种家庭体育活动的开展提供依据。

（六）家长在家庭体育教育中的引导作用

在家庭生活中，父母的日常行为和观念会直接影响孩子的价值观形成及行为。体育活动往往需要父母和孩子面对面甚至是身体直接接触进行交流。家长与孩子在体育锻炼的过程中，可以是同伴，也可以是对手，更可以互为师生，这样既丰富了锻炼方式，更好地享受运动带来的乐趣，还能较好地增进父母和孩子在各方面的交流和沟通。家长作为孩子的"第一教师"，他们在体育锻炼方面对孩子的影响往往更加直接和快速。因此，在开展家庭体育的过程中应加强重视家长的作用，并多途径地给以正确的引导。

1. 树立正确的家庭教育观念

首先要使每个家长具有全面而长远的素质教育意识，并学习一些科学教育子女的方法和技巧，多与子女交流、分析、理解并尊重他们的想法和合理需要。其次，树立正确的成才观。随着知识经济社会的形成，在人们越来越重视智力发展的同时，健康的身体也成为当代及未来社会人才的必备条件和生存资本。因此，家长应转变"重智轻体"的人才观念和培养方式，与时代发展接轨，形成远期的人才价值观和正确的评价标准，而不是只考虑眼前的考试和升学。再次，具有正确的教育投资观念，不能以智力开发投资为唯一或全部，必须明确在体育锻炼方面的投资对子女今后发展的重要性和必要性，是他们在未来社会中能更好、更全面发展的铺垫。

2. 提高家长对家庭体育重要性和必要性的认识

家长作为孩子的第一教师，他们的各种行为和意识观念对孩子的影响是较快速和直接的。作为一个家庭的支撑，家长应充分认识到坚持长期、有规律的身体锻炼对整个家庭以及每个成员良好发展的重要性，理解学校体育教育与家庭体育锻炼之间的关系，以及它们对健康的影响和价值，并能认识到只有家庭和学校形成共同作用，才能有效促进和维持学生体质和健康水平的增长。并且，应利用自己对孩子所能产生的特殊影响，将这种对身体锻炼的认识传递给青少年，使其能正确面对学校中的各种体育活动及家庭体育活动，改善和提升自己对体育锻炼的态度和价值观。

3. 充分理解终身体育，并身体力行

家长应通过多种方式，并结合现代社会发展的需要，主动、充分地了

解终身体育的基本含义及价值，并要通过自己的行为给其他家庭成员形成榜样，创造有利于促进孩子们体质健康的家庭环境。另外，重视影响孩子健康的诸多因素，如环境、膳食、生活方式和生活习惯等，树立家庭和个人健康意识，深入理解健康的含义，形成正确的健康标准，使孩子在良好的氛围中理解和接受终身体育的观念。

三、学校中体育教育的方法

学校中体育教育的方法是体育教育方法体系的主体，它对学生的锻炼意识和行为的培养起着关键作用，它能为学生思想品德和品质的发展，树立正确的三观，以及正确运动技术和锻炼知识的获得提供实施保障。

（一）学校体育教育方法的基本特点

1. 学校体育教育方法具有针对性

对任何体育教育方法的选择和实施都有一个相对比较明确的目的，也可以说，不是某一种或几种方法就能解决所有体育教育过程中的问题。因此，对体育教育方法的筛选应针对不同的教学现象和预期的教学目标、任务，以及教育内容和师生特点，做到因时、因人、因地而异，这样才能保证体育教育方法能发挥其价值和作用。

2. 学校体育教育方法具有互动性

任何体育教育方法都与教师和学生存在密切关系，体育教育方法存在于师生共同活动中，各种教育方法中都包含着教师的教法和学生的学法。在体育教育实践过程中，任何一种教法都会有与之相对应的学法，二者相互呼应，不可分割。比如，当教师采用示范法演示动作方法、路线、方向时，学生则应该使用观察、记忆、想象等学习方法；当教师对动作原理进行讲解时，学生必须认真听，仔细领会。

3. 学校体育教育方法具有系统性

伴随着人们研究体育教育的历程，出现了许多不同用途、不同种类、不同性质的体育教育方法，但这些数量庞大、种类繁多的体育教育方法之间存在紧密的内在联系，它们相互促进、相互补充。没有哪一种方法能解决和适应任何体育教育现象和活动，也没有只能解决一个问题的方法，它们以相互弥补的形式发挥体育教育方法体系的整体作用，使体育教育方法体系的构建最优化，也使体育教育过程达到最优化。

4. 学校体育教育方法具有直观性和潜隐性

体育教育方法在表现和影响方式上可以分为直接性和隐藏性两种，二者有效地促进学生运动知识的完整学习。直接性的体育教育方法包括教法中的各种技术和手段等，它着重促进学生对知识的直观学习，如在体育教育中运用的动作示范法；采用录像、课件、视频、黑板、挂图等进行演示的方法；在体操教学中进行保护与帮助的方法等，以及使用各种器材的方法，它们都是直观、易学的，其影响效果能及时表现出来。而在教育过程中如教师表现出的教学风格、教学艺术、教学特点等，如语言诱导的方法、幽默的方法、批评的方式、肢体语言的含义等，则是教师个人综合素质和内在心理的体现，是教师在长期的教学过程中逐渐沉积而成的，它代表的是该教师的教学个性和魅力，会对学生的学习动机、个性、品德、态度、情感、师生关系等非智力因素产生长期而潜在的影响，而这种影响的性质是具有不确定性的。

（二）常见几种学校体育教育方法

1. 教师教授法

（1）讲解法。讲解法是教师通过口头语言向学生讲授体育知识和运动技术原理、方法的一种方法，是体育教育过程中最重要、使用最多的教授方法。它要求教师在较短的时间内用清晰、准确、简明、生动的语言向学生解释、描绘、陈述与教学内容有关的知识，并做到突出重点，科学组织讲授内容，注意其逻辑性、连贯性和完整性，将学科知识与品德教育内容相结合。用通俗易懂的语言激发学生的学习热情，诱导和启发他们进行积极的探究和学习，为进一步的体育学习奠定基础。但是，在讲解过程中应注意讲解的时机、时间和深度，并适当结合黑板、挂图等形式进行综合讲授。

（2）问答法。该法采用教师与学生之间相互提问与回答的方式进行，其实施可以与讲解法同步，也可在学生练习或教师示范过程中使用，其形式和使用时机比较灵活，比如：即问即答、课前提问练习后再答、讨论回答、课前提问课后回答、作业式问答等。但是，在实施时要注意设问和解答的技巧，以及问题的难度必须符合学生的认识水平，使大部分学生通过一定的思考、练习、讨论等探析活动后能得到正确答案。这种方法不仅能转移和调动学生的注意力，启发学生对体育知识的学习，还能培养其思考能力，开发创新能力，强化对知识的记忆和理解，提高学习效率。

（3）动作示范法。动作示范法是根据教学目的和特殊的需要，教师或学生以自身完成的动作为范例，用以引导、解释或纠正学生学习的方法，它是体育教育中最常用的一种直观教学方法。将运动技术通过各种示范面的展示，包括正面、背面、侧面和镜面，对学生形成正确的动作表象、掌握和体会运动顺序及技术要领和技术特征等方面起到独特的作用。在进行示范的过程中，要根据动作技术的特征和学生的认识能力，准确、合理的安排和选择示范的速度、示范的位置和示范面，降低外界环境对学生观察示范动作的视线干扰，最大限度地保证全体学生都能看得见、看得清楚，并积极结合讲解、问答、讨论等方法，使学生能更清晰地认识和掌握动作要领及技术关键。

根据动作示范的不同目的，可以将动作示范法分为认知示范、错误示范和学法示范三种。其中，认知示范是要通过标准、大方的示范动作使学生明白要学什么技术，该动作是如何完成的，在头脑中建立对该动作技术的概念，大致形成动作的路线、速度和方向等方面的基本印象和技术整体轮廓，使其形成正确的动作表象。错误示范主要是在学生练习过程中展示一些相对比较明显、严重或比较普遍的错误动作，使学生能以此为参照，及时检查和发现自己的不足或错误之处。进行这种示范时既可以是教师完成，也可以是发生错误的学生进行演示，但在示范过程中教师应注意自己的语言和语气，对错误动作进行真实演示，不能避重就轻，对产生错误的学生应加强鼓励和引导，保持和提升其自信心、自尊心和积极性，从而让学生清楚自己的学习状况，使其在今后能更好地学习和掌握运动技术。学法示范的目的是通过教师或部分学生的动作示范使更多的学生获得简捷、有效的学习方法，并着重关注动作要领、关键及重点、难点，使学生能逐渐体会动作原理，促进他们更好、更快地学习。

（4）演示法。在体育教学中通过各种实物、挂图、黑板等教具的展示，使学生对运动技术的认识更加清晰，对动作技术结构、难点和关键环节、细节的把握更加准确。它能把比较抽象的概念、知识生动化、直观化，对动作技术的定型及知识记忆有重要的作用。随着现代技术的发展，诸如影像资料、视频、网络、多媒体等工具都逐渐应用于体育教学中，以便能更形象地展示各种体育知识和动作技术。

（5）纠正动作错误与帮助法。在各种运动技术的学习过程中，每个学生都会出现许多的错误或问题，同时也伴随着各种性质和类型的危险，这也是体育学习所固有的，不可避免。这就需要体育教师及时、准确地发现其错误以及在学习过程中存在的各种安全隐患，并给予有效的帮助和正确的处理，逐步提高他们的动作技术和技能水平。该法能让学生在不断地练习中获得正确的指导，不仅是掌握运动技术的需要，也是避免运动损伤的积极手段之一。

（6）分解练习法。分解练习法是指根据相应的标准和原则，将完整的动作分成几部分，并依照一定的组合方式和顺序教授各个部分的方法。这种教育方法的优点是能把难度较大、较复杂的动作技术简单和明了化，便于学生领会动作重点和难点，清晰动作结构，也有利于提高学生的自信心。但是，长期、单一地持续使用该方法容易人为破坏动作技术各部分之间的内在联系，孤立看待每个部分的教学，不利于学生对动作连贯性和完整性的掌握，容易形成"会分段、难连贯"的现象。

在实际的分解过程中，比较常用的分解方法有以下几种：

1）按学习难度划分。这种方法是将动作技术的难点或针对学生学习和运动水平而言比较困难的部分先进行教授，学生掌握后再按照动作技术的原有完成顺序依次教学。这种方法有利于学生对动作技术的深入认识，更好地理解动作技术的核心和关键。

2）按身体部位划分。这种划分方法较普遍地运用于复杂的全身性运动，如健美操、武术和广播体操等，它将肢体各部位动作进行单独讲授，如上肢运动、下肢运动、腰部运动、头部动作等，然后再将各部位的动作进行结合，从而形成完整动作。

3）按动作技术完成程序划分。该方法可以分为两种：顺序和反序。顺序是指按照动作技术固有的开始到结束过程依次进行教学，如100米跑的完整技术结构是由起跑、加速跑、途中跑和冲刺跑四部分构成，在教学中也是依照这四部分的固有先后顺序进行教学。反序则是不按照动作技术原有的完成程序进行教学，而是将原有完成动作技术次序中的最后一步作为教学的第一步，即从动作技术的结束部分开始教学，依倒序开展教学活动，形成与动作技术固有程序相颠倒的教学步骤。比如在教授跨栏动作的过程中，可以先让学生在无栏或栏侧情况下练习摆腿和落地缓冲动作，然后再做过栏和栏间练习，最后是跨栏之前的助跑练习，而完整跨栏动作的完成程序则依次为助跑、起跨、过栏摆腿和落地。

在完成了对动作技术的分解后，一般会采用分进式、连进式和递进式三种方式进行分段教学。以一项被划分为四段的动作教学为例：

分进式是指在每个课时教授一段内容，当四段内容依次被教授完成后，在第五课时将这四段进行完整练习。这种方法有利于学生对动作技术各个部分的详细学习，但随着教学的逐步进行也容易产生对已学内容的遗忘，甚至到最后一个课时教学时已经忘记了前四段动作，不利于学生对动作技术的长效记忆。

连进式是先教第一段，第二课时在教授第二段的同时将第一段与之连接，第三课时教授第三段，并将一、二段与之连贯，以此类推。这种在同一课时内既教授新内容、又复习旧知识的分段教学方式虽然有助于各段之间的联系，并能对已有知识进行及时地巩固，但随着分段数量的增加，在一个课时内学生对新动作的学习时间逐渐被压缩，学生的学习效果将会受到一定的影响。

递进式教学则是分别在第一、二课时教授动作技术的第一、二段，到第三课时便将第一、二段连接教学，第四课时教授第三段，第五课时就将这三段连贯教学，第六课时教授第四段，第七课时就对已学的四段内容进行连贯。这种分段教学能有效弥补前两种分段教学方式的主要不足，即各段之间的连接性不够、对新动作技术的学习时间不足，但这种教学方式的教学进度较慢，所需要的教学课时较多，教学周期也相对较长，可能影响到整个学期教学工作的安排。

以上三种分段教学方法都各有利弊，但又能相互补偿，因而必须结合教学时间和教学效率的要求、动作技术的难易程度以及学生的学习速度、能力和掌握程度等因素进行综合分析，取长补短，合理地选择最佳的教学方式。

（7）完整练习法。与分解练习法截然不同，完整法不对动作技术进行任何分段，而是从动作技术的开始到结束完整、连贯地进行教学，这种方法比较适用于动作难度不高、动作结构简单及不可分解的运动技术教学，如立定跳远技术。该法有利于保护动作技术的良好衔接性和动作结构完整性，但学生对其中的难点、重点或关键环节的学习和掌握效果就不及分解法。从整体上看，分解法与完整法是相互促进、相互补充的关系，即在使用分解法进行教学时，应及时使用完整法加以巩固，并纠正"为分解而分解"的错误观念。而在运用完整法时，也应适当加入分解法对动作关键和重点、难点进行强化练习，从而提高动作学习质量。二者有机地结合，既能让学生详细学习和掌握各技术环节，也能使其形成较好的整体概念和动作结构的完整性。

（8）循环练习法。

循环练习法是根据体育教育和锻炼的需要及物质条件，设计一定数量的练习手段，并设置与之相应的练习站点，学生按规定顺序、路线和要求依次完成各站练习，并再循环的方法。

其设计应注意以下要求：

①所有练习都是学生已经会做的；②练习以6~8个为宜，整体运动负荷呈逐渐上升趋势，并控制在学生最大负荷的1/3~2/3之间，但要做到大小负荷交替；③各练习动作的安排在整体上应全面发展学生的运动技能和运动素质，并根据肢体活动部位及运动素质练习的要求交替安排不同性质和目的的练习手段；④根据各练习手段的特点，对各种练习应有定时、定量或定性要求，安排适当数量的监督人员；⑤加强安全教育和组织管理，教师应做到对全局实时时监控。

（9）运动游戏法。

运动游戏法是一种娱乐性较强，并具有特定情节、目的和运动负荷要求的活动。与纯粹的游戏不同，它旨在使学生在游戏中通过一定量的身体练习学习和获得相关的运动知识。其内容丰富，形式多样，组织灵活，在实施过程中可根据学生的实际情况对游戏内容、规则和要求等做出相应的调整。游戏趣味性明显，能较好地吸引学生的注意力，激发学习兴趣，缓解各种不良情绪和心理状态，对学生的运动心理能产生良好影响，也能促进其思考和判断、创新能力的发展。

（10）运动竞赛法。

运动竞赛法是借助比赛的形式，使学生在身体、知识、技能、智力、心理和技术等方面获得提升的一种娱乐性方法，它具有明显的竞争性和竞技性，并以获得比赛胜利为终极目标。该方法能使学生充分体会到比赛的刺激和教育性，较好地调动学生学习的参与性，并在比赛过程中形成良好的意志品德、自我概念和自信心。由于比赛的不确定性，使得学生在参与的过程中能自觉发挥和展示自己的综合能力，有助于其个性的完善和发展。

运动游戏法和运动竞赛法都有利于激发学生的学习积极性，有助于对教学内容的理解和巩固，同时使学生对体育学习、身体锻炼的态度、意识和价值观有一定的改善作用，促进了公平、尊重、信任、自我约束、团结、竞争等社会行为和优良思想品质的形成。它们都要求在实施前应对学生进行场景诱导，激发他们的参与欲望，并进行相关的安全教育。对游戏或比赛的安排应符合教学目的和教学内容的教授需要，不能"为游戏而游戏，为比赛而比赛"。教师应做到监控全场，注意观察和分析学生在心理和身体上的反应，及时调控运动负荷。

另外，在分组进行游戏或比赛时，应有针对性地均衡各组的整体实力，这样才能增强游戏或比赛活动自身的吸引力，并且在结束时必须对整个实施过程进行总结，包括活动结果、学生的运动技术和技能情况、学生的心理素质和参与表现等，使学生能及时发现自己的优势和不足，获得正确的自我概念。一般情况下，这两种方法同时使用的效果会更加理想。

（11）发现式教学法。

发现式教学法是通过教师设定探究的问题，学生通过自己的思考、验证或相互讨论等方式去发现并掌握相应的知识。该方法可以独立进行，也可以采用相互讨论的方式开展。但在实施前教师一定要根据体育教育要求、教学内容的难度以及学生的认知水平等实际情况，确定难度适中的课题供学生学习。如果难度偏大，将容易挫伤学生的自信心；而难度偏小，则不能有效开发学生的学习能力。另外，在实施过程中还应针对不同的教学对象，对其探究的内容做出相应的调整。

（12）小群体教学法。

小群体教学法是将学生分为各个集团，集团成员通过相互帮助、讨论及交流等学习方式而达到教学要求的一种集团式的教学方法。该方法要求学校有相对较丰富的教学资源，在分组时应尽可能兼顾优差搭配、兴趣相符、爱好相同等要求，使各组的整体学习能力相当。各组可以同时学习同一内容，也可以各自学习不同的内容，然后组与组之间进行相互教授，不仅提高了学习主动性和主体性，也培养了学生的人际交往能力。在实施过程中，教师除了安排好各组的学习内容外，还应加强对他们的安全教育。同时，也可以适当地融入比赛的性质和要求，从而更好地督促学生提高学习效率。

在体育教育过程中，发现式教学法和小群体教学法都能在较大程度上激发学生的学习自主性，充分发挥其主体作用，有效地培养他们独立思考、创新思维能力，使学生充分展现自己的运动才能、学习能力、交流能力和表达能力等，有利于其个性和人格魅力的彰显，培养和提高他们学会学习的能力。但在实施的过程中应注意：①研究课题或学习内容难度必须符合学生整体学习水平；②加强安全教育；③及时对学生的探究活动进行总结。

2. 学生学习法

学生进行体育学习的主要方法有自主学习法、探究式学习法和合作学习法等。

（1）自主学习法。

1）自主学习的定义。

自主学习是在教师的指导下，学生根据自身条件和需要进行制定学习目标、选择学习内容和学习方法、设计学习计划和步骤、安排学习时间和环境等活动，并将它们付诸实施的一种独立学习方法。它需要学生能正确地分析和处理"为什么学""学什么""什么时候学""怎么学""在哪里学""和谁学"等问题，具有明显的能动性、独立性及创造性等特点。

通过不断地自主探究：有利于体现学生的主体地位，激发学生的学习热情；学生在体育学习中逐步经历从"能学""想学"到"会学"的过渡，有利于提高体育教育的学习效果，为终身体育的形成奠定良好的基础；有利于培养学生主动观察、勤于思考的好习惯，形成乐于学习的意识和态度，提高善于发现问题、研究问题和解决问题的能力；有助于培养学生独立思考能力，并能使他们积极进行创新思维活动，全面提高自己的认知能力和水平。

2）自主学习法的运用。

在新颁发的《体育与健康课程标准》中，对各个教学阶段学生的体育学习和身体锻炼都提出了明确的要求，但对实施这些目标的途径、内容、方式方法等并没有做出过多、过细的规定，这就为学生的学习和锻炼营造了较大的自主性和创造性空间。学生可以根据自己的学习水平、运动能力和条件，有针对性地选择符合个人特点的学习方法或途径，有利于推动学生自主学习行为的产生和实施。因此，在体育教育中应尽可能给学生选择学习内容和学习方法的机会，充分发挥他们的创新思想和创造能力，教会他们能针对自己的实际情况选择最佳的练习方法，让学生学会学习，为今后坚持体育学习和锻炼奠定基础。但是，学生的自主学习并不是教师完全放手，教师应发挥指导和宏观管理的作用，尊重每个学生，公平对待他们在学习中出现的各种问题，从而使学生在课堂中有更足的信心，否则便失去了自主学习的本质和价值，易形成"放任自流"的现象。

（2）探究式学习法。

1）探究式学习的定义。

探究式学习是体育教师在教育过程中，采用设疑等方式，引导学生在本学科领域中对各种问题和现象采用独立或互助等形式进行分析和研究的方法，旨在使学生通过自己各种积极、主动的探索活动，获得体育知识，提高运动技术和技能水平，改变学习态度，发展学习能力及创新意识和能力。

2）探究学习法的运用。

合理设置探究主题。体育教师提出的问题应充分考虑学生的学习程度及教学要求，它应是大多数学生通过一定的努力和一段时间的思考、实践后能获得正确结论的。

加强鼓励和引导。体育教师应创设一定的情境或条件，采用各种手段鼓励学生积极思考、大胆创新，对学习困难较大的学生应及时给予引导，给他们提供更多的支持和帮助，提升他们的学习积极性和信心。

充分发挥集体智慧。体育教师应注意调动各学习组的集体探索和思考能力，使学生能及时对照和发现自己的不足及他人的优点，达到相互学习、互相帮助和借鉴的"帮教"型学习效果。

（3）合作学习法。

1）合作学习法的定义。

合作学习法是指教师按照一定的原则和方法将学生编组，发挥每组中各成员的作用及相互协调性，以组为单位完成学习任务的一种共同学习方式。这种学习方法要求小组中各成员不能过多计较个人得失，不仅要实现自己的学习目标，也要积极帮助他人，共同完成本组的学习任务。在合作学习的过程中，每个成员都要认识到自己与团队以及与团队各成员之间的关系，并勇于承担相应的责任，切实体会个人利益与他人利益、个人荣誉与集体荣誉的联系。这种学习方法有利于加强学生社会化的过程，并形成良好的责任感及集体荣誉感，使学生能理性对待个人利益的得失，形成正确的价值观、人生观和生活态度。

2）合作学习法的运用。

合作学习法虽然是学生之间相互帮助进行学习和探究，以共同提高的一种学习方法，但这种学习方法的实施也需要教师的指导和帮助。在进行合作学习之前，教师应多采用各种集体性学习活动培养学生相互间的合作意识，使其对他人能形成信任、尊重、协作、团结、帮助、交流和沟通等心理倾向和行为，为他们能顺利进行合作学习奠定基础。另外，在实施合作学习的过程中，合作小组应定期对小组整体学习效果和学习活动进行阶段性和总结性评价，并对各成员的学习目标实现程度和学习方法等做出及时的评定。

（三）实践中教授方法的依据

1. 依据体育教育的目标与任务

在新授课中，多采用讲解法、问答法、示范法、分解法和演示法等；复习课和综合课则更多地使用完整法、循环练习法、比赛法和游戏法等教法。不同体育教育目标与教育任务以及课程类型，它们所需要的体育教育方法不同。

2. 依据学生的身心特点和学习能力

体育教育方法保证教师教授效果，帮助和促进学生的学习活动，所选择的体育教育方法应对学生的身体锻炼产生积极的影响。因此，体育教师在选择体育教授方法时，需要考虑学生在年龄、智力、学习习惯、接受能力、运动技能水平等方面的实际情况，并在具体的实施过程中进行适当调整，做到因材施教，让所有学生都受益。

3. 依据教材内容的特点

对连贯性较明显，且难度稍小的项目，如立定跳远、跳高等动作技术的教学多使用完整法，便于学生对动作形成完整结构认识。而对一些技术动作比较复杂、难度较大的项目一般多采用分解法进行教学，这有利于降低学生的学习难度，树立良好的信心。另外，集体项目很适合用发现式教学法和小群体教学法，有利于发挥集体的智慧，增加学习效果。对一些学生感到比较厌烦、枯燥的项目就适合用游戏法或比赛法进行教学，以激发学生学习的兴趣和积极性。

4. 依据各种体育教育方法的功能和特点

体育教育方法的实施和效果容易受教育过程中各种因素的影响，这些影响可能是积极的，也可能对整个体育教育过程产生不良后果。任何一种体育教育方法都不是面面俱到的，都有各自的优点和不足，其使用会受各自独特的功能、适用范围等因素的制约。例如，讲解的次数和时间过多就会变得啰啰嗦嗦，学生也会厌烦；游戏可以激发学习兴趣、活泼课堂气氛，但游戏的内容偏难或简单却会适得其反。另外，将动作技术进行分解教学可以有效降低学习难度、减轻学习负担，但对一些比较简单的动作就可能是没有必要的。产生这些不良结果的主要原因就是教师对各种体育教育方法的功能没有做到全面、深刻、透彻地理解，对使用这些教育方法的时机把握不准，对这些方法的适用范围、功能和使用环境等研究不够深入。如果不能完全满足上述研究要求，无论使用哪种教育方法都不会取得良好的效果。

5. 依据教师自身的综合素质和教学特点

体育教育方法的选择应与教师的基本素质和能力、教学风格等特征相结合。因为体育教师是教学方法的实施者，如果教师没有扎实的专业知识，就不能很好地运用各种教学方法，也不能体现出这些教学方法的价值和用途。此外，体育教师个人的教学特点、风格和个性特征也会影响到教学方法的实施和效果。在实施体育教育的过程中，体育教师应将自己的教学优势与教学方法的特点相结合，尽可能发挥个人的特长，如生动形象的语言表达、幽默风趣的语风、精湛的动作技术演示、良好的师生沟通能力和缜密的思维能力等，以确保各种教学方法及体育教育方法体系效果达到最大化和最优化。

6. 依据学校的实际条件

有些教育方法需要大量的场地或器材作为教育条件之一，比如循环练习法和小群体教学法等，而且任何一项运动技术的实施都需要一定的场地和器材、良好的天气作为前提，一旦缺少这些必要的条件，运动技术本身就会发生很大变化，学生也不能准确地理解和感受运动的目的和价值。所以，教师在选择教育方法时应先对所具有的物质条件进行详细了解，并统筹规划，合理地安排同一时段各个班级的教学内容，尽量提高场地器材的利用率。

（四）学生选择学习方法的依据

1. 依据学习目标、计划和要求

学生应根据学习环境的变化对自己的学习活动做出准确、及时的反馈和调整。同时，应能根据自己的实际学习特点和需要制定体育锻炼的目标和计划，包括每学期、每月和每星期等阶段，并以此选择合适的锻炼方法。

2. 依据学习动机

进行有效学习必不可少的重要内因是学习动机，学生在准备学习之前首先就应该充分明确"为什么而学"，清楚知道学习动机的强弱程度，并树立持之以恒的决心和信心，这些因素都会影响学生学习的具体效果。

3. 依据学习的环境和物质条件

一定的物质条件和环境是体育学习和锻炼的保障，每个学生在进行学习时所拥有或可能得到的物质条件是不尽相同的，因为它会受到个人的家庭条件、体育消费观念、体育消费计划等方面的影响。因此，在选择体育学习方法之前就应该合理、客观的预计自己在学习过程中可能会获得的各种条件。

4. 依据自我监控和反省能力

学生不仅在准备学习阶段有明确的学习目的，以及科学合理的学习计划，还应该在学习过程中时刻对自己的学习活动进行管理和评价，并及时获得来自各个方面的反馈信息，且对其进行反思、分析和总结，以科学、严谨、客观、求实的研究态度重新审视自己，从而对选择学习方法有积极的促进作用。

第三章　体育教育的追求和实施

体育教育的目标体育教育的实施具有指导性作用，它是一切体育教育活动的依据，体育教育目标是体育教育目的的具体体现，与体育教育目的有本质区别。体育教育目标是体育教育能有效、顺利开展的思想保证，具有社会性和教育性两种属性。

第一节　体育教育的追求

一、体育教育的总目标

根据现阶段我国的具体国情和时代发展的特征及需求，体育教育是通过各种形式和性质的体育教育活动使学生达到以下各方面的要求：

（1）有效增进全体学生的健康。

（2）养成运动兴趣、爱好和坚持锻炼的习惯。

（3）能较为熟练地掌握和应用基本的体育与健康知识和运动技能。

（4）提高对个人健康和群体健康的责任感，形成健康的生活方式。

（5）形成积极进取、乐观开朗的生活态度。

（6）培养和形成良好的心理品质，提高人际交往的能力与合作精神。

（7）提高少数学生的运动技术。

二、体育与健康课程目标

新颁发的《体育（与健康）课程标准》将体育课程学习的内容划分为五个领域，并在各个领域中设立了相应的水平目标，形成一套三层递进的目标体系。体育与健康课程目标是体育教育目标在体育课程领域的具体化，是学生通过体育课程学习所要达到的预期结果，即学习者应获得的积极变化，同时也是体育课程教学应实现的结果。

（一）体育与健康课程的总目标

1. 义务教育阶段

（1）增强体能，掌握基本的体育与健康知识和运动技能。

体能大致可以分为与运动技能有关的体能和与健康有关的体能两种。前者包括心肺耐力、肌肉耐力、柔韧性、肌肉力量和身体成分等，后者包括从事运动所需要的速度、耐力、灵敏、力量和柔韧等。良好的体能可以保证人们参与日常的生活和学习，并且能积极应对所遇到的困难。通过参与学校体育教育，有效地提高机体各器官系统的功能，从而使身体的运动能力获得加强。体育与健康课程有着自身完整而稳定的知识体系，通过体育教育不仅要使学生掌握运动基本知识和科学从事体育锻炼的原理、方法和技能，更重视学生将所掌握的知识、技能应用于体育锻炼和生活实践中的能力。

（2）培养运动兴趣和爱好，形成坚持锻炼的良好习惯。

通过体育教育不仅要使学生明确体育锻炼的重要意义，更重要的是使学生形成积极运动的态度，体验运动的乐趣，培养学生的运动兴趣和爱好，这有助于学生良好锻炼习惯的形成，并促进终身体育的建设和发展。

（3）具有良好的心理品质，表现出与人合作的精神。

体育与健康课程不仅要增进学生的身体健康，而且还要增进学生的心理健康和社会适应能力，促使各方面的全面发展。体育活动对于提高学生的心理健康和社会适应水平具有非常重要的促进作用，这是由体育活动本身的特性决定。学生在进行体育活动时既有顽强、坚韧、自信、拼搏等心理品质的体现，也有对信任、合作、竞争、平等、尊重和民主等社会生存技能的培养。

（4）发扬体育精神，形成积极进取、乐观开朗的生活态度。

不同的运动技术除了能有针对性的发展学生的运动能力外，还能对学生的思想道德和意志品质起到较好的培养作用。学生通过体育学习和活动可以形成乐观开朗、积极进取、热爱生活、敢于拼搏、不畏困难的积极态度和社会主义、集体主义、爱国主义的观念，有效促进体育与健康课程"育人"目标的实现。

（5）提高对个人和群体健康的责任感，形成健康的生活方式。

健康的生活方式对每一个学生的身心健康具有长远的意义和作用，这是多种健康因素共同作用而成的，并体现在个人生活的各个方面。学生在学习运动技术的同时，也获得了相应的保健及科学锻炼的知识，有利于健康意识和行为的培养。

2. 高中教育阶段

（1）提高体能和运动技能水平，加深对体育与健康知识和技能的理解。

高中阶段学生的身体发育逐渐趋于成熟，应在初中体育学习的基础上全面提高学生的各种运动能力和水平，这不仅符合了运动素质发展敏感期的规律，也有利于学生正确自我概念的形成。充分利用他们思维、分析能力也较初中阶段有较大提升的优势，加大体育与健康知识的学习难度和广度，充分理解各种运动技术的动作原理，使其对运动知识的了解和学习获得质的提高，不断加强独立学习能力的培养。

（2）学会体育学习及其评价，增强体育实践能力和创新能力。

根据高中阶段学生的实际情况，在体育教育过程中应加强对学生自主学习能力的培养，以便其进入大学或社会后能更好的进行自主体育锻炼，包括自我发现、自我监督、自我检查、独立思考和自我评定等能力。另外，创造更多的条件使学生能将理论运用到实践中，不断加强学生的实际操作能力。

（3）发展良好的心理品质，增强人际交往技能和团队意识。

高中可以说是学生心理负担最大的一个学习阶段，学生要承受来自学校、家长、社会以及同学的多种压力，必须充分利用体育教育这种特殊的教育手段加强对他们坚强、自信、刻苦、客观、拼搏等心理品质的培养，并让学生认识到团队的作用和价值，通过各种集体活动消除他们之间的隔阂、歧视或不信任、不尊重，培养他们的团结协作精神和人际交往能力。

（4）形成运动爱好和专长，培养终身体育的意识和习惯。

在了解和认识众多类型和特征运动项目的基础上，积极引导他们对某一项或几项自己比较喜欢的运动技术进行深入、全面的学习，逐渐形成符合个人特点的运动专长和学习方式，促进他们形成终身体育的意识，并为终身体育的实现提供理论和技术支持。

（5）具有健康素养，塑造健康体魄，逐步形成健康的生活方式和充满活力、积极进取的人生态度。

高中学生面临的下一个学习阶段是相对比较宽松、自由的大学生活，或者是直接进入社会，因此必须加强他们对健康的理解，培养正确的健康标准，充分认识和准确掌握形成健康的途径和方法，并能将自己的良好行为感染他人，提升自我的价值和地位，形成一定的社会责任感和良好的人生观和生活态度。

（二）体育与健康课程的领域目标

学习领域是在体育课程中按学习目标的不同划分的学习范畴，学习领域目标指的是期望学生在各学习领域达到的学习结果。《课程标准》中，学习目标与内容标准包括五个领域：运动技能、运动参与、心理健康、身体健康和社会适应。五个领域相互影响，有利于体育教师和学生能更好地理解和把握体育的价值，发挥体育教育的功能，促进学生全面协调发展。

（三）体育与健康课程的水平目标

学习水平是根据学生的身心发展特征，学生在不同学龄段对学习内容掌握程度的要求和划分。水平目标是指不同学段与水平的学生在各个领域中预期达到的学习结果，一方面为各阶段体育教育活动指明了方向，另一方面也为地方、学校和体育教师因地制宜、因人制宜地安排教学内容留下了更多的选择权力和创造空间。其中：

小学阶段划分为三个水平：水平一指1~2年级，水平二指3~4年级，水平三指5~6年级。初中1~3年级为水平四。高中1~3年级为水平五。

另外，为了更好体现学生的差异性，满足部分学生对体育学习的更高要求，《体育（与健康）课程标准》在各学习领域还设置了水平六作为部分学生的发展性学习目标。

1. 运动技能领域目标

（1）获得运动基础知识。

1）水平二：说出所做简单运动动作的术语。

2）水平三：观看体育比赛；知道所练习运动项目的术语。

3）水平四：了解所学项目的简单技战术知识和竞赛规则。

4）水平五：关注国内外的重大体育赛事；认识多种运动项目的价值。

5）水平六：了解国内外重大体育事件。

（2）学习和应用运动技能。

1）水平一：掌握简单的动作技术。

2）水平二：会做一些简单的组合动作。

3）水平三：初步掌握运动基本技术。

4）水平四：发展运动技战术能力。

5）水平五：提高一两项运动的技战术水平，增强技战术的运用能力。

6）水平六：组织和参加小型体育比赛。

（3）安全地进行体育活动。

1）水平二：知道如何在运动中避免危险。

2）水平三：了解不同环境中可能面临的危险和避免方法。

3）水平四：注意安全地进行运动。

4）水平五：掌握运动意外受伤时和紧急情况下的简易处理方法。

5）水平六：具有处理安全问题的基本能力。

（4）获得野外获得的基本技能。

1）水平四：在有指导的情况下顺利完成集体野外活动。

2）水平五：学习在野外条件下的活动技能与方法。

3）水平六：参加具有挑战性的野外活动。

2. 运动参与领域目标

（1）具有积极参与体育活动的态度和行为。

1）水平一：对体育课表现出学习兴趣。

2）水平二：乐于学习和展示简单的运动动作。

3）水平三：主动参与运动动作的学习。

4）水平四：积极参与体育活动。

5）水平五：养成良好的体育锻炼习惯。

6）水平六：说服和带动他人进行体育活动。

（2）用科学的方法参与体育活动。

1）水平四　合理安排锻炼时间，掌握测量运动负荷的常用方法。

2）水平五　根据科学锻炼原理制订并实施个人锻炼计划；学会评价体育锻炼效果的主要方法。

3）水平六　知道如何制订运动处方。

3. 身体健康领域目标

（1）形成正确的身体姿势。

1）水平一：注意正确的身体姿势。

2）水平二：基本保持正确的身体姿势。

3）水平三：能够用正确的身体姿势进行学习和运动。

（2）具有关注身体和健康的意识。

1）水平一：知道身体各主要部位的名称和自己身体的变化情况。

2）水平二：能描述身体特征。

3）水平三：了解青春期的生理卫生保健知识。

4）水平四：理解体育锻炼对身体形态和机能的影响。

5）水平五：了解性传播疾病等有关知识；理解身体健康在学习、生活中的作用。

6）水平六：了解我国传统养生保健方法与现代体育锻炼方法的异同。

（3）发展体能。

1）水平一：发展柔韧、灵敏、反应和协调能力。

2）水平二：发展协调、灵敏和平衡能力。

3）水平三：发展速度和平衡能力。

4）水平四：发展速度、有氧耐力和灵敏性。

5）水平五：发展肌肉力量和身体耐力。

6）水平六：发展与健康有关的各方面体能。

（4）懂得营养、环境和不良行为对身体健康的影响。

1）水平三：了解从事体育活动时的营养卫生常识；了解营养与健康的关系。

2）水平四：知道生活方式对健康的影响；初步学会选择有利于健康的营养食品。

3）水平五：形成良好的生活习惯。

4）水平六：懂得运动对环境卫生的要求和环境对健康的影响。

4. 心理健康领域目标

（1）了解体育活动对心理健康的作用，认识身心发展的关系。

1）水平二：体验体育活动过程中的心理感受。

2）水平三：体验身体健康状况变化时的心理变化。

3）水平四：了解心理健康对身体健康的影响。

4）水平五：自觉通过体育运动改善心理状态。

5）水平六：自觉运用所学技能促进身心协调发展。

（2）正确理解体育活动与自尊、自信的关系。

1）水平二：在体育活动中具有展示自我的愿望与行为。

2）水平三：正确对待运动能力不足和生长发育可能带来的心理问题。

3）水平四：通过体育活动树立自信和自尊。

4）水平五：在体育活动中努力获得成就感。

5）水平六：表现出积极向上的生活态度。

（3）学会通过体育活动等方法调控情绪。

1）水平一：表达自己在体育活动中的情绪表现。

2）水平二：观察并说出同伴在体育活动中的情绪表现。

3）水平三：知道通过体育运动等方法调节情绪。

4）水平四：学会其他控制情绪的方法。

5）水平五：在体育活动中表现出调控情绪的意愿与行为。

6）水平六：自觉利用适合的方法调控自己的情绪。

（4）形成克服困难的坚强意志品质。

1）水平二：能在一定的困难条件下进行体育活动。

2）水平三：敢于进行难度较大的体育活动。

3）水平四：根据自己的运动能力设置体育运动的目标。

4）水平五：在具有挑战性的运动情景中，体验克服困难带来的喜悦。

5）水平六：在体育运动和学习中自觉表现出勇敢顽强的意志品质。

5. 社会适应领域目标

（1）学会获得现代社会中体育与健康知识的方法。

1）水平三：了解体育与健康的资源。

2）水平四：简单评价媒体的体育与健康信息。

3）水平五：具有通过互联网获取体育与健康知识的能力。

4）水平六：选择和利用互联网资源为体育与健康实践服务。

（2）建立和谐的人际关系，具有良好的合作精神和体育道德。

1）水平一：在体育活动中尊重他人；体验集体活动和个人活动的区别。

2）水平二：在体育活动中表现出合作行为。

3）水平三：表现出与社区活动的联系；表现出对弱者的尊重。

4）水平四：理解不同运动角色的任务，识别体育中的道德行为。

5）水平五：表现出良好的体育道德和合作精神。

6）水平六：关心社会的体育和健康问题。

三、家庭体育目标

家庭体育是当今社会发展的迫切需要，也是对学校体育教育的完善和延伸。促进家庭体育与学校体育的和谐发展，能为进一步培养青少年的终身体育能力打下坚实基础。

开展家庭体育，增强体质，增进家庭成员的健康，形成锻炼的习惯；加强社会交往，在家庭成员之间形成和谐的人际关系及团结友爱、互帮互助的家庭锻炼氛围，保持家庭稳定；增进友谊，促进社会平稳发展，并为社会主义精神文明建设服务。

四、实现学校体育教育目标的途径

（一）体育与健康课程

1. 体育与健康课程的功能

（1）培养健康的体魄。

通过开展体育与健康课程，促进学生对体育和健康知识的学习，掌握科学锻炼和卫生等方面的知识和方法，提高健康意识，并促进良好生活方式的形成，有效地提高学生的健康水平。

（2）培养运动爱好和习惯，形成终身体育意识和能力。

通过参与各种形式和类型的体育实践活动，使学生充分感受运动的乐趣和意义，培养学生对体育运动的爱好，并掌握从事终身体育活动所需的各种体育知识与技能，提高自我锻炼的自主性，形成终身体育的观念。

（3）促进心理健康，培养健全人格。

对任何一项运动技术的学习实质上也是培养学生坚强意志力的过程，在体会成功所带来的喜悦同时，增强了自信心和自尊心，丰富了情感，释放了压力，达到调节心理的作用。

（4）培养团队意识和竞争精神，提高社会适应能力。

通过体育教育，可以提高学生的人际交往技能，使学生之间、师生之间形成和谐的人际关系，并在集体活动中养成团结、拼搏、合作、竞争、平等、民主、法制的意识，形成良好的道德品质和社会责任感，增强社会适应能力。

2. 体育与健康课程的基本理念

（1）坚持以健康第一为指导思想，促进学生健康成长。

增强学生体质，促进学生心理和社会适应能力是体育与健康课程的首要任务，并以此为核心划分了运动参与、运动技能、心理健康、身体健康、社会适应五块学习领域，注重学生健康意识和行为的养成，推进学生的全面健康发展。

（2）激发运动兴趣，培养学生终身体育的意识。

根据基础教育改革和素质教育的要求，体育教育在目标制定、内容创新、方法选择等各个方面都应加强对学生运动兴趣和需要的关注。激发和保持学生的运动兴趣，使学生积极、自觉地进行体育锻炼，从而实现理想的锻炼效果。

（3）以学生发展为中心，重视学生的主体地位。

注重教师角色的转变，发挥他们在教学过程中的主导作用，采取多样化的组织形式发挥学生的创造力和创新意识，体现他们在学习活动中的主体地位。结合体育课程三级管理体制的实施，体育与健康课程在设计上给学校、教师和学生充分的自主空间，课程安排尽可能多的满足学生的实际需要和运动兴趣爱好，并重视学生的情感体验，以激发学生学习的主动性和积极性。

（4）关注个体差异与不同需求，确保每一个学生都受益。

需要充分注意学生之间的个体差异性，尤其是不同年龄和性别之间的差别，并以此确定体育教育的目标、内容和方法手段，避免"一刀切"的现象。另外，灵活采用多样化的评价方法，保证多数学生通过反复的练习后能达到学习目标，并使他们都能体会运动和成功的价值。

（二）课外体育活动

1. 课外体育活动概念

课外体育活动是指以全体学生为对象，以班级为基本组织单位，以满足广大学生多种需要为目的，以保健操、健身活动为主要内容，课前、课间和课后在校园内进行的，促进学生身体、心理和社会适应能力和谐发展的体育锻炼活动。主要包括早操、课间活动、课外体育锻炼、课外运动竞赛、课外运动训练、远足、郊游等活动，其组织形式较丰富多样，包括全校性活动、年级和小组活动、班级活动、小团体活动、俱乐部活动等。课外体育活动不仅能及时地巩固在体育课堂中所学到的各种运动技术，同时又是很好的课外娱乐活动。它可以满足学生课余文化生活的需要，更好地发现和培养一些有运动才能的学生，并且发展广大学生的运动兴趣和爱好，增进健康。

2. 课外体育活动特征

课外体育活动是实现学校体育目的任务的重要途径之一，它是学校体育功能的重要组成部分，主要具有以下特征：

第一，规定性与自愿性。课外体育活动是国家规定各级各类学校必须开展的一项体育教育活动，并且其中的一些活动内容具有相对固定的实施时间和要求，如课间操、眼保健操等，而课间操也是要求学生必须参加的。除此以外，更多的课外体育活动内容主要依靠的是学生的自觉与自愿参与。

第二，内容的多样性与组织灵活性。在课外体育活动中，学生在很大程度上可以根据自己的兴趣、爱好、运动能力等选择适合自己的锻炼项目，较好的满足了学生广泛的运动兴趣和多元化的发展要求，如健身、健美、娱乐、竞技、交际、巩固技术动作等。在锻炼的过程中，学生可以根据自己的个性及需要等选择以个人、小组、小团体、俱乐部、班级等形式进行运动，扩展了学生的运动体验空间。

第三，教师指导性与学生自主性。学生虽然可以在课外体育活动中自行安排运动项目、运动时间、运动强度和运动形式等，这充分发挥了学生的主体性，但也仍需要体育教师对他们的锻炼过程进行适当的指导、管理和调控，合理安排场地和器材的使用，及时纠正错误动作，消除安全隐患，使学生的课外体育锻炼更加科学、安全和有效。

五、实现家庭体育教育目标的途径

（一）家庭体育的价值

1. 家庭体育的经济价值

家庭体育作为体育的重要组成部分，它对社会劳动者身心发展能产生积极的作用，能为人们更高层次的创造活动提供身体准备，而人又是社会生产要素中起决定作用的构成因素，因此家庭体育有助于提高社会整体的劳动生产率。另一方面，家庭体育通过灵活性能够较好地融入社会发展中，并能及时调整、扩充其内涵，在锻炼中培养人们的竞争、合作、民主、守规划、惜时、重效率、吃苦耐劳、开拓进取以及善于应变等多方面的品质和能力，从而促进市场经济人格培养。

2. 家庭体育的社会价值

家庭体育活动为社会各阶层、各种工作性质的居民度过闲暇时间提供了较好的活动内容和形式，并随着人们对健康的重视而逐渐成为社会居民生活中的一种生活理念、需要和时尚。家庭体育活动给人们提供了丰富的运动空间和心理交流机会，不仅改善了人与人之间的关系，也影响着人们的生活方式和态度。这对家庭中的年轻成员来说，家庭体育可以加强其竞争、平等、信任、合作、尊重、谦让和守信等意识，加速他们的社会化进程，同时也可以有效避免社会不良心理的侵害和恶劣行为的产生。对老年成员来说，参加家庭体育活动可以延缓衰老，消除孤独与寂寞，同时也增进了与年轻一代的沟通，有效减少和避免了一些家庭问题和冲突的出现。而中青年是社会生产力的主体，承受着较大的生活和工作压力，他们也是产生亚健康的主要人群。家庭体育可以有效地缓解紧张的情绪以及烦躁的心情，使其形成正确的工作和生活态度及良好的心理状态，促进健康，并能保持旺盛的工作和生活精力，维持较好的身心状态，提高生活质量和工作效率。

3. 家庭体育的教育价值

家庭是人们赖以生存的根基和基本环境，现今激烈的社会竞争使得人与人之间的信任、尊重、奉献甚至亲情有所淡漠，家庭体育正是强化家庭概念的一种重要方式和有效途径。家庭体育加强了家庭与家庭之间、家庭成员之间的联系，巩固和扩展了人们对运动技术和体育知识的学习，有利于提高运动技术和技能水平，促进健全心理和人格的形成，是增强体质、永葆健康的长效和必要手段。

（二）家庭体育的特征

1. 成员之间强烈的亲和力

家庭体育由于是以家庭成员为主要参与者，他们之间本身就存在比较紧密的血缘关系，如夫妻关系、母女关系、父子关系、叔侄关系等，这一特点正是其他形态体育所不具有的。也是因为家庭体育的这种特殊性，使得家庭体育在开展过程中人与人之间更容易相处，彼此之间的情感交流和沟通更容易进行，保证了家庭体育的顺利开展。

2. 内容多样性和趣味性

家庭体育具有一定的随意性，因而它不仅可以开展游戏或各种形式的户外活动，比如登山、长跑、骑自行车、钓鱼、郊游、探险、打羽毛球、滑冰等，不断增强身体素质，培养心理品质，也可以参照学校体育教育的内容和目标选择田径、体操、球类、武术等项目进行锻炼。此外，还可以充分利用家庭居环境进行仰卧起坐、棋牌、爬楼梯、负重练习、瑜伽、健美操等对场地和器材要求较低的活动。

3. 活动时间和场所的灵活性

家庭体育活动主要是在家庭成员闲暇时间进行，可以依成员的具体情况灵活安排和调整。比如，在早晨上班或上学之前进行锻炼，在步行上班途中进行锻炼，在傍晚进行锻炼，利用节假日全家人一起进行锻炼等。在体育活动场所的选择方面，以就近方便为原则，主要依靠家庭附近的公园、学校、空地和所在社区提供的锻炼场所，或者在家中进行锻炼，具有较大的选择空间。

4. 良好的连续性和感染性

由于家庭成员朝夕相处，通过其中一位成员经常性的锻炼行为，可以感染和带动其他成员也进行体育锻炼。特别是在具有一定运动氛围的家庭环境中，由于长时间的相处可以使每位家庭成员都受到深刻影响，比较有利于锻炼习惯的形成和保持，这就使得家庭体育更具有突出的连续性和长期性，这是其他形态体育不具有的优势。

（三）我国家庭体育的开展现状

1. 开展家庭体育的优势

（1）体育锻炼意识加强。

许多家庭都把家庭成员的健康放在家庭生活中很重要的位置，这使得各家庭成员进行体育锻炼的动机加强，家庭体育的普及面逐步扩大。

（2）锻炼时间和物质条件保障。

随着社会的发展及生产技术的现代化和自动化程度加大，人们有越来越多的时间可以自由支配，这给家庭体育的开展提供了时间保证，另外，一定的经济实力和体育消费观念也使家庭体育有了物质保障，在对健身器材配置、服装、各种社会体育组织或俱乐部等方面的选择提供了更大空间，这些都为科学锻炼、健康锻炼、安全锻炼提供了有利的条件。

2. 现今家庭体育开展的不足

（1）家庭体育的自闭性。

由于居住环境和方式的变化，以及家庭生活方式和习惯的不同，使家庭与家庭之间联系减少，家庭锻炼多局限于本家庭成员，与其他家庭之间的交流和沟通相对较少。另外，大多数的独生子女家庭中由于家长的溺爱容易使孩子以自我为中心，缺乏相应的责任感、协作精神和奉献精神，娇气、依赖性强，在自尊心和自信心加强的同时，抗挫折能力也有所下降，阻碍了他们对外界环境的主动认识和接受。

（2）家庭体育科学化程度较低。

目前，许多家庭的体育知识、运动技术还较缺乏，对健身、健康的理解也比较肤浅和单薄，这就使家庭体育盲目或错误地持续着。因此，应充分利用学校和社区组织加强对家庭体育锻炼和健康知识、方法等方面的宣传和教育，为家庭体育的开展提供必要的理论和技术支持。

第二节　体育教育的内容

一、体育教育内容的产生

当人类社会出现的时候，在日常生活中所表现出的一些行为已经初具体育运动的"形"，但这种活动并不具备体育的"实"，它更多的是与生产和生存相联系，在那个时期是可以与劳动技术相混合的。人类为了生产和生活必须在日常学会更多的捕猎方法、技巧以及各种逃生技能，这其中就体现了对人体走、跑、投、跳、爬、攀等基本活动能力的培养。此外，在人们捕获各种食物的过程中，还出现了各种激烈的身体对抗和对鞭打、射等动作的训练，这些都与现今的一些正规运动项目相类似。在人类的繁衍和进化过程中，这些生存技能和方法也通过简单的言传身教方式被一代又一代地传承下来，它们虽然是零星的，但也形成了当时的体育教育内容。如果用现今对体育教育内容区分的准则来衡量，原始社会中人们普遍从事的这些肌肉活动也仅是真正体育教育内容的"原始"表现形式。与现今体育教育中的身体运动相比，两者的目标、功能和价值取向都是完全不同的。简单地说，当前的体育教育内容其核心是为人们能保持长久、健康、全面的发展提供知识和技术支持的，身体运动是达到这一目标的媒介。而在原始社会中是人们为了能与大自然及其他动物抗争，身体运动能力在那个时期对人类的生存起到决定性作用。

二、体育教育内容的定义

体育教育内容是体育教育核心价值观的体现和载体，同时也是实现体育教育目标的基本途径，是教师和学生发生各种教学关系的纽带，也是学生接受完整教育内容必不可少的组成部分。

体育教育内容是根据体育教育目标和实施要求，结合学生发展的需要和客观实际条件，以身体运动为基本形式，使学生在身体、心理、情感、道德和社会适应等几个方面都获得全面健康发展，并形成运动技能的各种有关体育与健康、健身和生活的基本知识、方法等内容的总称。

因此，可以得出体育教育内容必须符合以下条件：

（1）它以身体运动知识、方法以及运动技术的掌握和运动技能的形成为主要内容。

（2）它以增强体质、调节心理、形成一定的运动技能和习惯为目标，以促进人的全面健康发展为最终目的。

（3）它以身体的各肌肉群活动为媒介和方式进行教育和学习，并在此过程中机体要承受一定的生理负荷和心理负荷。

（4）它必须符合体育教育目的的要求，并适合学生的身体条件、运动能力、生活需求以及具体的实施环境。

虽然体育教育内容是以运动知识、技术的传承和运动技能形成为核心和目标的，但它与竞技运动存在较大的差异。

（1）体育教育内容以促进人的积极发展为目的，并通过体育教育的实施使人获得并保持健康状态。但竞技运动则是以开发人的最大运动潜能、争取优异成绩为目的，并且在这个过程中还会对人体产生一定的伤害。

（2）体育教育内容的选择必须依据体育教育目的和参与者的实际情况等因素，并可以此对运动技术及其评价标准等进行一定的改造和重组。但竞技运动不能因为参与者的条件、参与目的以及物质环境的不同而改变其本身的技术结构、要求以及评判方法和标准等。

（3）体育教育内容对人体健康的促进和维持作用是长期的，具有实用性和终身性，而很多竞技运动项目由于自身特点的限制很难在人的日常生活中开展，导致所获得的运动效果和技术水平不能恒定保持较长时间。

三、体育教育内容的特性

（一）具有实践性

体育教育内容是以传授受教育者一定的运动技术、形成运动技能为主体的，它与其他教育内容的学习一样，也需要采用看、听、记、想，但仅靠这些方法是无法将体育教育内容完全学会的。对体育教育内容的学习必须要以学生自身的身体练习为基本形式和手段，同时，教授者也需要一定的身体动作示范才能将运动技术形象、直观、生动地展示给学生，便于他们理解和掌握。在这种亲身体验的过程中，从感官感受、模仿开始，只有在一遍又一遍的练习后才能摸索和体会到运动的技巧和方法，明晰其原理，使运动技术的学习逐渐趋于成熟。此外，体育教育内容中的运动知识、健康和卫生知识、锻炼原理及方法等，以及体育道德和良好个性的形成都必须建立在对运动技术的学习和实践之上。反之，运动技术学习效率和水平的提高也需要这些基础知识作为铺垫和保障。

（二）具有娱乐性

体育教育主要传授运动知识和技术，表面上看它们是比较固定、单一的，但究其根源，娱乐性是它们与生俱来就有的特性之一。在传授体育教育内容的过程中，不仅方法多样，而且形式也丰富，如各种体育游戏、运动竞赛等，它们都蕴含着极强的趣味性。在参与的过程中，不仅能学到运动知识和技术，还能使学生在心理上获得积极的体验，主动表现出竞争、合作、坚韧等个性特点，从而进一步激发他们的运动动机和欲望。同时，在这种轻松愉快的氛围中，参与者的情感、情绪、态度、价值观等也得到升华，并能使不良心理状况有所改善。

（三）具有健身性

由于对体育教育内容的学习需要身体的运动实践作为媒介，在这过程中机体所动用的不只是单独的某一块肌肉或一种身体素质，大部分运动技术的学习都需要机体做的是一种综合性活动，并发挥其整体效用。这在一定程度上给肢体提供了锻炼的机会。同时，机体也承受着一定量的运动负荷，这种刺激能有效提高机体各种器官和组织的功能，以及它们之间的协调工作能力，对学生身心健康有积极的促进作用。另外，结合当今社会发展以及教育改革的需要，体育教育内容的选编要与学生的实际身心特点和生活需求相结合，这将使体育教育内容在种类、性质、运动负荷、难易程度、安排顺序等方面都更好的体现出了对个体发展和健康需求的关心，这也是体育教育内容所特有的。

（四）内容多样化

体育教育内容是一种综合性的体现，它既有纯粹的理论知识和运动原理，同时也有必须在身体实践中才能领悟和形成的运动方法、技术和技能，而且这些理论知识的实践应用性也比较明显。在众多的体育教育内容中，不仅有与健康有关的健身类、娱乐类、休闲类、保健类知识、方法和技术，也包含具有强烈对抗性的竞技类内容和观赏性内容。除此之外，中华民族的传统体育项目和少数民族传统体育项目在我国体育教育内容结构体系中的地位始终未变。在此基础上，国内外的一些新兴运动项目也开始融入到现今的体育教育内容行列之中，如攀岩、板球、跑酷、壁球、软式排球等，它们共同构建了新时期丰富多彩的体育教育内容体系。

（五）目标多元化

体育教育内容与其他教育内容不同，它不仅是对体育知识和文化的传承，而且也担负着对受教育者进行德育、智育、美育以社会适应能力培养的责任。通过体育教育内容的实施，既要增强参与者的身体体质和心理素质，发展其智力水平，培养审美观念和能力，还要使他们的思想品德、意志、情感、个性等非智力因素也能获得提高，并形成一定的社会适应能力，使参与者能健康且全面的发展，提高自身综合素质，这也是素质教育赋予体育教育内容的使命。

（六）人际交流开放性

体育教育活动的组织形式可分为集体活动、分组练习和个人练习等，而且由于运动技术本身的技术特征和教学、练习的需求，教师和学生的身体位置和活动范围、运动环境等会随着运动的进行而有所改变，这就会导致频繁的人际交流，其中有教师与学生之间的交流、学生与学生相互之间的沟通，也包括与陌生人之间的交流。由于部分体育教育内容在初期的学习和锻炼的过程中会需要别人的帮助或保护，这也为人际交流的扩大提供了机会。另外，体育教育培养和形成的集体主义精神、协同配合能力、竞争意识、友爱互助的品德等也在一定程度上促进了人与人之间的交流，密切了人与人之间的联系，也是消除隔阂的有效途径之一。

四、体育教育内容的分类

由于人们对体育教育内容的价值取向和认识角度的不同，使得对体育教育内容的分类也存在较大的差异。但就目前常见的划分方法来看，比较集中于从体育教育内容的价值、功能、性质、目标和形式等方面着手，现介绍几种常见的分类方法。

（一）根据人体基本活动能力进行分类

这种分类方法是将体育教育内容按照人体基本的活动能力，如走、跑、跳、投、爬、攀、负重、平衡等进行划分，我国2000年颁布的《九年义务教育全日制小学体育与健康教学大纲》就是按照此类方法划分小学体育教育内容的。在该大纲中将小学一、二年级的体育教育实践内容分为基本运动、韵律活动和舞蹈、游泳三大类，其中基本运动包括走、跑、投掷、跳跃、队列和体操队形、徒手体操和轻器械体操、技巧、跳绳、攀登、爬越、平衡等。

这种方法着重于形成和发展学生的各种正确基本活动能力，比较适合低年级的体育教育需要。但对于高年级受教育者来说，则不能较好地满足他们对体育学习和运动锻炼更高、更多的需求，从而影响到他们运动动机、兴趣和习惯的培养。

（二）根据身体素质进行分类

在1992年颁布的《九年义务教育全日制初级中学体育教学大纲》中，对体育教育实践内容的划分就是按照力量、耐力、速度、灵敏、柔韧等身体素质进行的。这种划分方法保障了学生各项身体素质的培养，有利于学生明确各种运动项目的功能，以及它们与身体发展之间的关系。但是这种分类方法不能使学生对运动项目自身的特性有更深入和全面的认识，容易造成对身体素质发展的片面追求。

（三）根据目标进行分类

在新颁布的《体育（与健康）课程标准》中，将体育教育内容按照运动参与、运动技能、身体健康、心理健康、社会适应五大目标进行分类，这也是在当今国际上逐渐趋于主流的体育教育内容划分方式。在新西兰，体育教育内容被分为健康与身体发展、与其他人的关系、运动概念和技能、健康目标和环境这四个部分。而在日本则主要分为两大块，体育学习领域和保健学习领域。再如美国加利福尼亚州，体育教育内容分为运动技术和知识、自我表象和个人发展、社会发展三个方面。

（四）根据运动项目进行分类

这是比较常见的分类方法，它主要依据的是各种运动项目的名称和内容，如田径、球类、体操、武术、体育舞蹈等。我国1996年实行的《全日制普通高级中学体育教学大纲》就将体育教育内容中的限选内容分为韵律体操和舞蹈、足球、篮球、排球和游泳五类，在目前我国各阶段的体育教育中这种分类方法表现得最明显。

采用这种划分方法有利于受教育者对各种运动项目文化的了解和学习，使他们能形成比较明确的个人喜好和运动兴趣指向，便于对某一项目的深入学习，从而提高个人专项运动能力，但其弊端也比较明显。首先，在体育教学过程中会排挤或忽视对一些非正式比赛项目、新兴运动项目及民间运动项目的教授，容易使学生的体育学习与社会生活需要相脱离。其次，对运动场地、器材、规划和学生的技术、技能水平有较高要求的运动项目进行改造和重组，这将影响到学生对这些运动项目原本的技术结构、运动方法、规则、功能和价值等的理解和学习。再次，容易导致学生对体育教育内容学习缺乏全面性和完整性，对某些项目的学习易产生恐惧、厌烦或抵触情绪。

（五）根据效果和价值表现形式进行分类

这种分类方式有一定的综合性，每一种类型都包括广泛的具体内容。它根据体育教育内容对学生产生作用和效应的表现形式，以及影响的持久性和程度，将体育教育内容主要分为显性和隐性两种。其中显性体育教育内容是学生在学习后通过实际的运动行为可以直接表现和被他人感知、评价的，它一般都能促进教育对象的积极发展，改变其不良行为，具有直观性、快捷性等特点。但隐性教育内容主要是指在体育教育的实施过程中，体育教育的各种组成要素对学生内在心理因素所产生的影响，包括动机、态度、兴趣、习惯和价值观等，它对学生行为的影响速度相对显性教育内容比较慢，但影响范围和深度则较大，形式更加隐蔽和灵活，产生影响的时间也更具随意性，其影响效应可以直接指向学生的意识形态等核心心理因素，它以潜移默化的形式对学生的行为产生积极或消极的影响，具有长期性、不确定性及间接性等特征。

五、我国体育教育内容结构体系

经过漫长的历史演变，现代体育教育的内容体系更加的庞大和复杂，且由于各国的文化背景和社会发展状况，以及教育理念和人的需求不同而出现较大的差异，但也有共同的发展趋势，即尽可能多的满足受教育者的各种运动需求，以发展他们的运动能力，完善其个性，并着重关注受教育者终身能全面、和谐、健康发展。

目前，我国体育教育内容的设置表现出明显的层次性和多元性，这也是与体育教育的目标、学生的年龄特征及实际需求相适应的，并以此来更好的促进受教育者的体育学习和运动兴趣的培养，最终形成进行终身体育的能力。

（一）学前教育阶段

该阶段主要针对的是3~6岁的儿童，在这个时期由于学生在生理和心理发育上较不完善，体育教育内容是以基本活动能力的培养、队列对形和基本体操为主，旨在发展和促进他们的生长发育，形成正确身体姿势，提高机体各器官和组织的功能。该年龄段的学生神经兴奋与抑制发展不平衡，致使他们较容易兴奋且好动，但持续时间不长，兴趣指向容易受外界环境的影响而改变。因此，通过队列队形的练习加强对他们进行纪律约束，使其集中注意力，形成良好的行为习惯，并在身体运动中建立与他人交流的能力。

（二）小学教育阶段

首先，该阶段的体育教育内容是以学前阶段体育教育内容为基础而进行发展和提升的，它的核心依然是对受教育者生长发育的关注，而且重视程度较学前阶段更强。其次，在继续培养和促进正确基本运动能力形成的基础上，逐渐让学生开始接触和学习一些简单、低强度的运动和一些常见的健康卫生知识。在教授过程中，不仅有形式多样且趣味性较浓的内容以培养其个性，还利用一些集体性活动中促进他们形成一定的集体主义精神和相互协作的能力。再次，充分利用他们"好玩"的天性，积极的身体锻炼引导其形成对运动的兴趣，这为今后他们能自觉的进行系统的运动知识学习和身体锻炼提供保证。另外，在这个时期由于受学生生理解剖特点的影响，体育教育内容很少涉及时间长、负荷量大的运动，但应根据运动素质发展规律着重对他们进行灵敏和柔韧素质练习。

（三）初中教育阶段

从体育教育内容设置的总体上看，这个阶段是受教育者接受体育教育最繁重的时期，该阶段的体育教育内容具有承前启后的重要作用。初中阶段体育教育内容涉及许多常见的运动项目，如篮球、田径、足球、排球、体操、武术等，其中以田径所占的比例和教学时数最大，而且在对这些运动技术的学习过程中还融合了一些运动原理、保健知识和健身理论等内容。在宏观上，在初中阶段学生将对大部分常见运动项目有所认识和学习，这对后续高中阶段甚至大学阶段的体育教育起着铺垫性作用，同时也是学生在今后能获得更好的体育学习和锻炼效果的基础。学生只有对这些常见运动项目都有所了解之后，才会逐渐明确究竟哪些运动项目适合自身的身体条件和心理需要、哪些项目会成为自己将来具体的运动兴趣和爱好指向。因此，初中阶段的体育教育内容具有明显的多数量、广范围的特点。同时，也会因为初中体育教育内容的这些特点和学生学习压力的增大，也可能使学生对体育教育内容产生错误认识和厌学情绪，影响其体育价值观的正确形成。

（四）高中教育阶段

在这个阶段中，体育教育内容不论是运动技术还是运动原理、保健知识、锻炼方法、健康原理等内容的难度都较初中阶段有明显的增加，各项身体素质训练也更加系统和全面的展开。以初中体育教育内容的实施为前提，该阶段的体育教育侧重于学生对某一项或几项运动项目的运动技术、技能水平和兴趣、锻炼习惯的培养及提高，使其更加深入的掌握相关运动项目的技术原理、规则、方法和战术要求等，并加强体育道德修养和人际交往能力，使他们具备一定的社会适应能力。另外，由于受现行教育制度的影响，该阶段学生的学习和心理压力较大，因而娱乐性和趣味性的教育内容和方式也比较常见，以此缓解紧张的学习状态，释放情感，调节学生的心理。

（五）大学教育阶段

该阶段的体育教育内容主要是围绕终身体育能力的培养和形成而设置的，其形式也较其他各个阶段更丰富、更灵活。在现今的大部分高校中除了日常的体育课堂教学外，还开设了各种类型和形式的体育俱乐部、运动协会及课外体育活动进行体育知识和技术的传授，这就更加明确、有效地培养了学生的运动兴趣、习惯和专长，加强了独立进行体育锻炼的能力和知识储备。此外，依各校实际条件，一些新兴的运动项目也在这个阶段对学生进行介绍，如攀岩、街头篮球、户外扩展、定向运动、沙滩排球、街舞等。另外，受地方特点的影响，那些独具特色的少数民族传统体育项目也有更多的机会出现在体育教育内容行列之中，这些都将为学生踏入社会后进行自主、有效的终身体育锻炼提供有利的支持和保证，从而具有明显的针对性、时代性和实用性、大众性。

六、体育教育内容的选择依据

（一）我国教育事业整体发展的方向

体育教育作为教育的组成部分，其内容设置必须考虑到教育发展的整体要求和趋势，体育教育内容的选择也应体现出它对学生的良性影响，符合教育发展要求以及未来社会对人才培养的规格与标准。因此，体育教育内容应有利于国家教育事业的整体发展，并有助于对学生实施全面教育和培养。只有这样才能组成受教育者的完整知识和技能结构，使其成为具有全面发展条件和能力的现代人。

（二）符合体育教育的目标

依据体育教育的目的和目标要求是选择体育教育内容的重要根据，同时也是对体育教育内容设计的总体要求，对体育教育内容的规划和发展有着一定的制约性和指引性。反之，体育教育内容也是体育教育目的和目标的体现。围绕体育教育的目的和目标选择体育教育内容，能使体育教育内容的功能、性质和特征有明确的定位和体现，也能最大限度的使学生明晰各种运动知识的价值和意义。

（三）体育学科的基本功能和特点

增强体质、身心健康全面发展，这不仅是体育学科的本质，也是体育教育通过身体运动对学生所发挥的基本功能和所要达到的核心目标。作为体育教育的载体，体育教育内容也应体现出强身健体的功效，这就要求体育教育内容不仅应以进行适量、科学的身体练习为基本表现形式，而且其安排方式、运动量的设计、实施方法等都应为促进学生身心健康发展服务。

（四）学生的年龄特征和生活、运动需求

由于体育教育内容以身体运动为媒介，其价值和功能最终将体现在学生的实际运动行为中。反之，学生在进行学习之前所具有的运动条件、参与动机等将会直接影响到体育教育内容的实施和目的、目标实现效果。因而，体育教育内容的设置应符合学生的生理解剖特点、心理特征、运动能力、认知水平、接受能力及实际锻炼和生活需要等。只有这样才能避免在教育过程中出现"吃不饱"和"吃不了"的两极弊端，激发他们的运动热情和兴趣，使其能主动积极的投入到体育教育内容的学习和锻炼活动中，从而能真正体现出体育教育内容为全体学生所用、谋学生全面发展的宗旨。

（五）教师所具备的条件、专业素养、教学能力和风格

学生作为知识的接受者，他们对新事物的认识是有限的，这就需要教师作为纽带将本学科知识与学生者联系起来。所谓"师者，传道授业解惑者也"，教师不仅应在各自研究领域中具有相当数量和深度的专业知识及先进的教育理念，还应具备一定的教学和引导能力，一种能将学科知识以最直接、最快捷、最有效的方式传递给学生的技能和方法。所以，在体育教育内容的选择过程中，一定要考虑到教师的实际教授能力是否与体育教育内容的实施要求相匹配，否则就可能会出现"误人子弟"的现象。

（六）体育教育环境和条件

体育教育内容与其他教育内容之间存在一个明显差异，即运动技术的学习需要各自特定的场地和器材作为基本的物质保证。离开这些固有的场地和器材，运动项目的技术结构、规则和本身所蕴含的运动文化等将会发生不同程度的改变，甚至淹没其本质。因此，在选择体育教育内容时必须

考虑客观环境所能提供的物质和精神条件，如运动氛围、体育制度、人际关系、场地、器材、季节、温度、天气状况、地理环境等，它们能直接影响体育教育内容的实施。

七、体育教育内容的组织原则

将符合体育教育要求的内容挑选出来后，就应考虑如何将它们进行有机的整合和编排，以有效发挥各自的功能和价值，使它们能相互弥补，将体育教育内容体系进行最优化组合。

（一）教育性与趣味性相结合

体育教育通过对体育知识、运动技术、保健知识、锻炼原理和方法等的传授，使学生在身体、思想、心理、运动技术和技能水平、社会适应等方面有一定的进步和提高。但在这个过程中，受各种教育内容本身所具有的性质和要求的影响，容易使学生对它们产生恐惧和厌倦，甚至躲避的心理状态和行为出现。所以，在体育教育内容实现其教育价值和功能的同时，应适当融入一些趣味性较高的内容和多种多样的教授方法，在恰当的时候转移学生的注意力，以缓解他们紧张的学习情绪和氛围，使其能始终保持对各种体育教育内容较高的学习兴趣和热情，有利于避免学生"喜欢体育，但不喜欢上体育课"现象的出现。

（二）整体性与阶段性相结合

从整体上看，各个学段之间的体育教育内容具有紧密的衔接性。从学期阶段开始，直至大学，各学段都对学生后续的体育学习和自主锻炼起到一定的铺垫作用。同时，后一学段的体育教育内容也是对前一学段的延伸、扩展和提高，缺少其中任何一个环节，体育教育内容体系的结构一定是不完整的，也不能体现它的发展性。但在这个时间的连贯过程中，体育教育内容的组织和安排又要结合每个年龄段学生的实际特征而体现出差异。许多运动项目都具有多种技术方法，如跳高的跨越式和背越式、短跑起跑技术中的站立式和蹲踞式等，但这些运动技术往往不能在同一个教学段中就全部传授给学生，它必须根据学生的运动能力、认知水平、身心特点等分阶段合理安排，因而就出现在了不同的年级也会对同一项目进行再学习的现象，这其中总是遵循着由简到繁、由易到难、循序渐进的施教和学习原则。

（三）统一性与灵活性相结合

任何国家对于体育教育内容的选择都有相对比较统一的整体性要求或规定，这为体育教育内容的组织提供了依据，并指明了发展方向。但针对各个地区、各所学校具体应采纳和使用什么类型、什么形式的体育教育内容，以及如何排列这些内容时，适应地方和学校特点、能反映各自特色的体育教育内容就有了发展的空间。但这些形形色色的内容仍然首先要符合体育教育内容总体的采编要求，在此基础上再凸显学校或地方的特殊性，这也符合了现今我国对体育课程实施的三级管理体制，即国家课程、地方课程和校本课程。另外，这种组织原则也能体现在体育教育内容设置与学生实际特点的关系中，既统一要求，又区别对待。

（四）民族性与世界性相结合

当今社会信息交流越来越便利，这使得人们与世界的联系也逐渐的容易和紧密，体育教育的发展也不可能在闭关自守的情况下进行。在我国目前的体育教育内容设置中，虽然以竞技运动为代表的西方体育运动项目占较大的比例，但其中也不乏我国所特有的民族传统项目。在组织体育教育内容时，既要吸收和借鉴国外体育教育内容设置的先进经验和成果，也要积极探索我国民族传统体育项目的精髓，其中也包括少数民族传统体育项目和各种民间体育项目。但不管是民族的还是世界的体育素材，都应结合本国体育教育的实际情况进行对比和筛选，防止"一把抓"的做法。同时，结合体育运动的发展，与时俱进，大力开发新兴运动项目的教育价值，使体育教育内容能将时代性、民族性和世界性有机地融为一体。

八、体育教育内容的选编过程

没有哪一项运动项目在它产生时就成为体育教育内容的，它们的第一个身份应是运动素材，是一种身体运动的方式。而体育教育内容的形成需要经历一个对运动素材进行选择、加工、编排，以适应体育教育需要的过程，即教材化，这也是人们对各种运动技术加深理解、剖析其原理、功能和价值的升华过程。与此同时，在保证运动项目核心文化不变的情况下，运动项目中有教育价值的部分逐渐明确，那些不利于体育教育目的和目标实现的因素也将被剥离。在此之前，应首先明确运动素材的基本含义以及它与体育教育内容之间的关系。

运动素材即"用什么教"，它是指体育教育实施过程中所采用的各种运动项目，如跳远、篮球、排球、足球、体操等，也是体育教育内容的载体和媒介。而体育教育内容是将运动素材进行筛选和提炼，挖掘其特有的教育价值和功能后，形成与实现体育教育目的目标和现实条件相适应，并能向大部分学生传授的内容的总和，即"教什么"。以教授立定跳选技术为例，问："×老师，今天教什么？"答："我教立定跳远。"这样的回答实际上是不准确、不完整的，并没有将运动素材和教育内容进行区分，正确的回答应是："通过教授立定跳远技术发展学生下肢爆发力、协调运动能力和运动意志。"其中，立定跳远仅是运动素材，而真正的体育教育内容应是对下肢爆发力、协调运动能力和运动意志的培养，立定跳远技术是实现这些内容教学所选用的介质，这也体现了立定跳远这项发展所具有的价值和功能。

（一）根据体育教育价值观研究运动素材

许多运动素材都能对人的身心健康发展起到或多或少的促进作用，但并不能因此就将其纳入到体育教育内容中，必须先以体育教育目的和目标为依据审视各种运动素材，探求它们自身具有的功能和特点，并与体育教育的基本功能和价值取向相比较，找出两者的相符之处，为这些运动素材能最终成为体育教育内容进行先期的整体性和质的判断。

（二）根据体育教育实际需要整合运动项目

经过对运动素材的性质鉴定，就已经对众多运动素材的基本功能和现实价值做出了确定，但这只是在整体上符合了体育教育的发展需求，运动素材自身依然隐藏着许多不利于体育教育实施的因素，这就需要从体育教育的实际需求出发，将运动素材进行有机的整合，准确把握各运动素材之间的内在联系，最大限度地发挥各运动项目自身的优势，并且能使它们产生和达到扬长避短、相互补充的整体效果。

（三）根据各个层次的体育教育目标进行选择

在制定体育教育目标的过程中，体育教育目标会随着学生的年龄特征和实际条件而存在层次性和阶段性。《课程标准》分别在运动参与、运动技能、身体健康、心理健康、社会适应五个领域中都各自划分出5个水平目标和1个发展性目标，以适应不同年龄、层次学生的运动条件和需求。并且，体育教育活动的每次开展都会有特定的任务作为实施的标准和衡量准绳，这些都需要与之相适应的教育内容来实现。因此，还应对运动素材进行更加深入和细致的剖析，研究其各种技术方法和结构特征，以判断该运动素材的核心内容是否能与具体的体育教育目标、任务及各个年龄段学生的实际情况相适应。

（四）综合各种客观条件进行分析

在将运动素材真正实施于体育教育过程之前，还必须考虑运动素材自身的实施要求与教育环境之间的吻合程度，研究该项目在体育教育现实条件中是否能获得它所必须的各种条件支持，其中包括教师的素质、学生的兴趣和接受能力、气候特点、地理条件、场地、器材等。同时，也以此来判定经过之前各个步骤选择出的运动项目是否具有实际的可行性。

第四章　大学体育与健康

体育与健康之间有着非常紧密的联系，在这种十分紧密的关联之中有必要再次为大家讲述现代健康的标准是什么，随着社会的不断发展和进步，人们的生活压力在一定程度上也会有所增加，同样在大学校园中也会存在这种现象。

对此，对于影响心理健康的影响因素做进一步的分析，最后就科学的锻炼与运动处方等内容进行深入分析。

第一节　现代健康的标准

一、健康的概念

健康是人们谈论的永久话题，并被视为人生的第一需要，什么是健康？如何正确理解和把握健康的确切内涵呢？

所谓的躯体健康就是指身体的结构和功能都很正常，并且在日常的生活中具有自理能力。而心理健康则是指个体能够正确地认识自己，及时调整自己的心态，使心理完全处于一种良好的状态，用来适应外界环境的变化，并且心理健康有狭义和广义之分。

心理健康的大学生应该能和社会保持良好的接触，而对于社会现状有清晰、正确的认识。心理健康的大学生不仅有远大的理想和抱负，而且还不会沉湎于不现实空想和奢望，注重现实和理想的完整和统一。对于现实生活中所遇到的一些困难和挫折，不会怨天尤人，力求用正确的方式和方法去解决问题。

当发现自己的努力方向有偏差的时候，能够及时调整自己的心态和步伐，迅速找到与社会发展相适应的道路。

二、现代健康观的标准

现代的健康观包括身体健康、心理健康、社会适应良好和道德健康。只有这四个方面都健全，才能算是一个健康的人。

（一）身体健康

WH（World Health Organization，世界卫生组织）确定了健康的10个标准可供参考。

（1）有充沛的精力，能从容不迫地担负日常生活和繁重的工作而不感到过分紧张。

（2）处事乐观，态度积极，勇于承担责任，事无巨细，不挑剔。

（3）应变能力强，能较快地适应外界环境的各种变化。

（4）善于休息，睡眠良好。

（5）能抵抗普通感冒和传染病。

（6）体重适当，身体匀称，站立时头、肩、臀位置办调。

（7）头发有光泽，头屑少。

（8）眼睛明亮，反应敏锐，眼睑不易发炎。

（9）牙齿清洁，无龋齿，无疼痛，牙龈无出血且颜色正常。

（10）肌肉丰富，皮肤富于弹性。

WHO又把健康的概念细化为"五快"和"三良"的通俗的解释。这"五快"分别是：

1）吃得快。吃饭时，食欲好，能很快地把一餐饭吃完，且不挑剔食物，这证明内脏功能正常。

2）便得快。能快速地排完大小便，感觉轻松自如，这说明消化功能良好。

3）睡得快。上床后能够很快入睡，而且睡得很深，起床后头脑清醒，精神饱满，这说明中枢神经系统兴奋与抑制协调功能良好。

4）说得快。说话流利，语言表达清晰，这表明头脑清楚，思维敏捷，肺功能正常。

5）走得快。行动快速，动作灵活敏捷，充满活力，这表明精力充沛旺盛。因为任何病变和衰老都是由两腿开始，如患有肝炎和心脏病的人下肢常有沉重感。

"三良"分别是：

1）良好的人格。性格温和，意志坚定，感情丰富，心胸坦荡。

2）良好的处世能力。自我控制能力强，客观现实地对待问题，复杂多变的社会环境，对事物的变迁保持良好的情绪，能够保持对社会环境和人体内环境的平衡。

3）良好的人际关系。能够与人为善，乐于助人，与周围的人关系融洽，不斤斤计较。

现在，越来越多的人已开始注意到人的健康不仅是指生理的健康，而且还包括心理健康和社会性适应的良好状态。

健康是"人体各器官系统发育良好，功能正常，体质强壮，精力充沛旺盛，并具有健全的心理和社会适应能力"。

（二）心理健康

人们对健康的理解有一个从传统到现代的转变过程。每当我们明显感到身体生理上不适，比如感冒发烧、头痛咳嗽、胸闷腹泻和牙齿疼痛，便去找医生。但心理上的不适，比如由于社会生活压力产生的精神紧张、焦虑、抑郁、孤独、悲观、精神空虚等，一般不会想到这些也是不健康的表现。

祖国医学和现代医学研究表明，人作为一个整体，心理健康和身体的健康是不可分的。从某种意义上说，心理因素的影响超过了生理因素。身体上的疾病许多是由于精神心理因素引起的。

中医认为，人的七情（情绪）波动过度和持续过久，可使阴阳失衡，气血不和，经络堵塞，肺腑功能失调而引起疾病。

西医认为，心理情绪的异常变化，如过分激动，会使大脑皮层过分兴奋，从而导致神经植物系统、内分泌系统紊乱，使人的循环系统、呼吸系统、免疫系统的机能失去平衡，从而导致疾病。

这也说明了心理健康与生理健康的联系。生理学家巴甫洛夫指出："一切顽固沉重的忧郁和焦虑足以给各种疾病大开方便之门。"研究表明，在一切不利的条件下，对人威胁最大的莫过于不良的情绪和恶劣的心情。对此，WH提出了一个响亮的口号："健康的一半是心理健康。"

什么是心理健康?国内外的专家和学者对此有了非常深入的研究。心理学家英格里斯认为："心理健康是指持续的心理情况，当事者在哪种情况下能进行良好的适应，具有生命的活力，并能充分发挥其身心的潜能。"

我国的陈惠认为：心理健康是指心理发育正常，心理状态保持平衡，心理适应良好，心理潜能能够得到发挥。

（三）社会适应性好

社会适应性是指个体独立处理日常生活与承担社会责任，达到他的年龄和所处社会文化条件所期望的程度，是个体对所处的自然环境和社会环境的一种平衡状态。

进化论学说的创始人达尔文指出：大自然的法则就是优胜劣汰，适者生存。我国古人也说过：识时务者为俊杰。环境是人类赖以生存的场所，人们必须尽最大的努力去适应环境，才能生存和发展。

每一个人一生中，会不断面临新的情况和环境，每一个发展阶段都对我们提出新的要求，比如对父母心理和经济的独立，人格的发展，生活学习环境的改变，职业的选择，人际关系的处理，正确对待婚姻、家庭、退休等。社会适应是一个毕生的过程。

（四）道德健康

道德健康是指处在一定社会环境的人在行为处事、与人交往时，要遵循一定的社会规范和行为准则。它着重于健康的维护和促进。个人道德健康不仅要求对自身的健康负责，而且要自觉维护和促进社会整个人群的健康。

例如，不在公共场所吸烟、吐痰；在听音乐会、看电影、听演讲时，不大声喧哗，自觉地关掉手机；为灾区人民募捐，为抢救他人的生命义务献血，等等。只有在不损害社会和他人利益的前提下，才能满足个人的需要。

与之相反，如果一个人缺乏良好的思想品德，就会经常处在紧张、恐惧、内疚之中。由此给个人造成沉重的心理压力，并影响健康心态的形成和发展。研究表明，贪污的官吏和犯罪的人由于沉重的心理压力，常常导致高血压、心血管疾病和癌症的发生。

如果我们都具有助人为乐和与人为善的高尚品格，将产生良性的生理和心理效应，这将大大地促进我们的健康。

（五）生殖健康

WH对生殖健康下的定义为：人类在整个生命过程中，与生殖有关的一切活动，应该在生理、心理和社会适应诸方面都处于良好的健康状态。生殖健康包括建立正确的性观念，避免婚前性行为，避免未婚先孕、人工流产，预防性病和艾滋病，避孕节育等性保健。

科学研究表明：在现代社会，由于生态环境的不断恶化与生活方式不当的影响，男性生殖器官发育异常，生殖细胞变异等现象日趋严重。

根据调查统计，由于生理、心理、病理和社会文化观念等方面的原因，全世界共有一亿多男性患有性功能障碍，据我国权威的统计数字表明，现在40岁以上的男性，至少有8000万人被性功能障碍所困扰，已婚夫妇中约有10%患有不孕不育症，其中因丈夫原因导致不孕占50%。

由此产生的种种问题已直接影响家庭的和睦与社会的稳定。世界各国政府已开始关注被忽视的男性生殖健康。

三、影响人类健康的因素

影响人类健康的原因是多方面的，主要有环境因素、生物因素、生活方式因素与卫生保健服务因素。

（一）环境因素

好的环境是人类生存和繁衍的基本前提和保证。环境包括自然环境和社会环境。

研究表明，生活在自然条件好，风景优美，空气清新，远离工业污染和大都市环境的人，其寿命远远超过人们的平均寿命。

生活在苏联高加索的人们，有许多在100岁以上，并且还能进行一般的爬山、劳动等活动。

相反，生活在环境恶劣，污染严重的环境，不但身体健康有问题，而且由于工业污染，得了许多怪病。

如20世纪60年代，日本的经济高速起飞，由于忽视了环境保护，工业废水流入江河湖泊，人们吃了水中的鱼，造成了汞、铅中毒，许多人过早死亡。在社会环境中，政治制度的变革，社会经济的发展，文化教育事业的进步与人类的健康紧密相连。

因此，人类要在地球上生存和发展，必须善待我们的共同家园，保护好环境。

（二）生物因素

在生物因素中，影响人类健康最重要的是遗传因素和心理因素。现代医学发现：遗传病不仅种类繁多，大约有两三千种之多，而且发病率高达20%。

因此，应重视遗传对健康的影响。心理因素与人的健康关系更为密切，消极的心理因素会引起许多疾病，积极的心理状态是保持和增进健康的必要条件。

医学临床实践和科学研究表明，不良的情绪，如悲伤、恐惧、焦虑、愤怒等会使人体各系统机能失调，导致失眠、血压升高、胃痉挛、心动过速、食欲减退、月经失调等疾病。良好的情绪和心理状态，使人在挫折与失意时，保持心理的平衡。心理状态是社会和生活环境的反映，是影响健康的重要因素。

（三）生活方式因素

生活方式是指人们长期受一定的文化、民族、经济、社会、风俗、家庭影响而形成的一系列生活习惯和生活意识。

人类在漫长的发展过程中，虽然很早就认识到生活方式与健康有关，但由于危害人类生命的各种疾病一直是人类死亡的主要原因，所以忽视了生活方式因素对人类健康的影响。

进入现代社会以来，由于科学技术的飞速发展，社会经济水平的不断提高，许多传染病和以前的疑难病已被人类所攻克，人们逐步发现生活方式因素在全部死因中的比重越来越大，例如，1976年美国死亡人数中，50%的人与不良的生活方式有关。

可见，养成良好的生活习惯对于健康是多么重要。

（四）卫生保健服务因素

卫生保健服务也是健康的重要的因素。WHO将卫生保健服务分为三级：初级、二级和三级，实现初级卫生保健服务是现在世界各国的共同目标。初级目标的基本内容包括：

（1）健康教育。

（2）提供符合营养要求的食品。

（3）提供安全用水和基本环境卫生设施。

（4）妇幼保健和计划生育。

（5）开展预防接种。

（6）采取适用的治疗方法。

（7）提供基本药物。

四、现代健康观念的发展趋势

从现代社会发展总趋势来看，人类正面临着自身生活、消费方式引起的健康问题。人类为了自身的幸福和长寿，更加关注自身的健康：身心健康将成为人们生活价值观中首要追求的目标。

社会调查表明，人们在追求生活目标的选择中，健康总是被列在首位。体育锻炼将成为人类生活中的重要内容。现代人对健康的观念呈现下面的发展趋势。

（一）"健康第一"观念

随着科学技术的迅速发展和边缘学科的出现，人类对健康的认识日益深入，对健康的要求不断提高。人们将更加注重身体的锻炼、卫生保健，人们越来越认识到体育锻炼对身体健康的重要性。

无论是青少年还是中老年人，将更多地从事步行、跑步、游泳、舞蹈、健身操等有氧运动。中国的太极拳，被认为是改善人体微循环，增强心血管功能，保持身心平衡的最佳运动。

女性在进行瘦身和健美锻炼时，不再像20世纪那样追求苗条，而是更加注重保持健康状态和拥有强壮的身体。体育健身器材和保健用品已逐步进入千家万户。

营养过剩已引起人们的警惕，科学饮食、营养平衡将成为人们自觉的行动，健康食品和绿色食品备受青睐。吸烟、酗酒等不良的嗜好所占人们生活内容的比例有所下降。

（二）注重物质生活和精神生活的平衡观念

人们将努力寻求一种物质生活和精神生活和谐平衡的生活方式。在快节奏、多变化、竞争空前激烈的现代社会，在追求物质生活的同时，保持心理的平衡和健康，已成为现代人提高生活质量的重要课题。

（三）终身体育的观念

所谓的终身体育指的是一个人能够终身从事体育锻炼并且接受体育的指导，终身体育是依据人体发展变化的规律以及身体锻炼对人体自身的重要作用，伴随着终身教育的发展而来的。人体的活动规律表明，要保持健康的状态就必须坚持体育锻炼，并持之以恒，否则就不能产生持续的锻炼效果。

人们生活水平和文化素质的提高，使体育锻炼成为人们日常生活的重要组成部分。

闲暇时精力的增多使人们的生活方式发生了很大的变化，利用闲暇时间参加体育锻炼，开展各种有益于健康的活动，防止各种现代"文明病"的发生，体育锻炼已成为现代人生活不可缺少的内容。终身体育将成为现代人的一种追求。

第二节 影响心理健康的因素

一、心理健康概述

（一）健康与心理健康

随着现代科学技术的飞速发展与社会变革的不断加深，生活在现代社会的人们普遍感受到生活节奏加快、竞争激烈，前所未有的巨大心理压力使人不堪重负，这对人们的健康产生了重大影响。

人们逐渐认识到心理、社会因素在健康与疾病及其相互转化中的不可忽视的作用，进而逐步确立了身心统一健康观。

1948年，联合国世界卫生组织（WHO）成立时，在其宪章中明确指出：健康不仅仅是没有疾病，而是身体上、心理上和社会适应上的完好状态或完全安宁。

1989年，世界卫生组织提出了21世纪健康新概念："健康不仅仅是没有疾病，而且包括躯体健康、心理健康、社会适应良好和道德健康。"最近，世界卫生组织又提出了人的身心健康的八大标准，即"五快""三良"。"五快"指食得快、便得快、睡得快、说得快、走得快。

食得快，说明胃口好，对食物不挑剔，证明内脏功能正常；便得快，说明排泄轻松自如，胃肠功能好；睡得快，说明中枢神经系统功能协调，且内脏无病理信息干扰；说得快，表明头脑清楚，思维敏捷，心肺功能正常；走得快，证明精力充沛、旺盛，无衰老症状。"三良"指良好的个性、良好的处世能力、良好的人际关系。

对于心理健康的概念，我国学者张玲认为：

第一，人作为一种社会性的动物，对社会文化的适应，与周围环境的协调是人生存与发展的重要条件。

因此，心理健康是人类生存最基本的要求，对自然环境、社会文化、道德准则，对生活、工作、学习和人际环境的正确知觉与良好适应，无疑是人心理健康的重要方面。

第二，适应是一种不断变化的动态过程。一个人生活在现实生活中，心理健康是一种过程，是在心理失衡和心理平衡的往复运动中不断向前发展的。

第三，人不仅具有社会性还具有发展性。生理和心理的不同发展阶段，对人的心理和行为也提出了不同的任务和要求，能否顺应不同年龄阶段的发展特点，完善与之相适应的认知、情感、意志各方面的心理功能，具有与其年龄发展阶段相适应的认知水平，是影响人的心理健康状态的重要因素。因此，对发展的顺应程度，也是人的心理健康的重要方面。

第四，人之所以不同于动物，还在于人具有意识，尤其是具有自我意识。人对自身的认识、定位，对自我的监控与调节，也是影响其心理健康水平的重要因素。

第五，正如第二次世界大战后，心理学家所公认的那样，心理健康与"正常"或"仅仅没有病态"是不同的，健康的心理既不同于"没有病态"，又高于"正常"，因而在结构和动力上还应具有向崇高个性发展的特征。

（二）心理健康的标准

1. 积极的自我观念

能够积极地容纳自己，同时也能够让别人乐于接受，这种情况下就很容易体验到自身存在的价值，能够面对并处理好自己日常生活中所遇到的各种困难和挫折，即使有时会感到力不从心，产生一定的消极情绪，但是对于这种不良情绪，总会有比较合适的办法去解决掉，总体来讲，尽量使自身的情绪保持一个比较积极乐观的状态。

2. 恰当地认同别人

能够充分认可别人的存在和重要性，在认可他人的时候，不仅能够适当的赞美，而且还不会完全依附于他人，在与大家进行沟通的时候，能够充分体验到自己在许多方面和大家是共通的，能够很坦然地与他人分享自身的爱与恨、情与愁，对未来的生活会有一个美好的憧憬，并且不会因此而失去自我。

3. 面对和接受现实

能够面对现实和接受现实，本来就是一件很值得骄傲的事情，既然提到坦然面对现实，在一定程度上就默许了现实与理想之间的差距性，能够实事求是地去面对并接受现实的考验，多方寻求信息，倾听不同的意见和建议，准确把握好事实的真相，做好随时迎接困难和挑战的准备。

4. 主观经验丰富，并能够灵活运用

能够对自己周围的事物和环境有一个比较清醒地认识，不会产生比较迷惘的状态，在自己的主观经验世界里，会存在着各种可用的信息、技能和知识，并且随时能够提取这些知识和使用这些知识，最终为解决遇到的问题，增进自己的行为效率奠定良好的基础。

李百珍在总结不同学者提出的标准的基础上，提出了心理健康的七项标准：了解自我，接纳自我，能体验自我存在的价值；正视现实，接纳他人；能协调、控制情绪，心境良好；有积极向上的、现实的人生目标；对社会有责任心；心地善良，对他人有爱心；具有独立自主的意识。

二、影响心理健康的五大因素

大学生的心理问题是其人格与环境相互作用的结果。从环境来看，影响的因素主要有社会和家庭，其中社会层面的影响因素主要有：社会转型、价值多元、社会竞争激烈、就业困难。家庭层面的影响因素主要是家庭气氛和教养方式。

（一）生理因素

生理因素包括遗传素质、生理病变、神经、内分泌等，国内外大量的资料表明，大学生的许多心理健康问题，多与遗传相关。

母亲妊娠的营养不良、生病、服药与产伤等因素而导致的神经系统脆弱性，都会使人易于产生紧张反应，并且他们对于精神创伤及疾病感染的免疫力也是很低的。

另外，神经、内分泌功能的平衡与否也会间接地对人的心理产生影响，如甲状腺功能不良会引发智力迟钝、记忆衰退、语言迟缓、情绪淡漠等功能障碍。

（二）家庭因素

家庭的是另一个能够影响大学生心理健康的重要因素，在家庭生活环境的各种因素中，家庭气氛、父母的教养方式等都是能够较大程度影响大学生心理健康的重要因素。

1. 家庭气氛

在家庭生活的氛围中，父子之间的言语以及各种人际关系之间的交流方式都会影响到其他家庭成员的心理状态，各种长期的影响在一定程度上会影响大学生的心理健康，并且这种影响会产生很大的积累效应。

在家庭中，如果父母之间关系不是很好，经常吵架甚至相互之间敌视，家庭的气氛就会变的比较紧张，在一定程度上会加剧子女孤僻、怪异、自卑等性格的形成，而且这些不良的性格特征容易使大学生在人际交往的过程中出现自私自利的缺点，甚至还会出现一些道德和法律的问题。

2. 教养方式

家庭的教养方式从不同的侧面会影响着子女的心理健康水平，对于一些否定、消极、拒绝的教养方式，对于个体的心理健康会起到很大的负面影响，对于肯定、赞扬的教育方式则会对子女的个性特征、社会交往产生比较积极地影响作用。

父母（尤其是父亲）消极的教养方式，如经常使用惩罚手段、过分的干涉和保护、经常拒绝否定等，容易使得大学生形成强迫、人际关系敏感、抑郁、焦虑、敌对等不健康的心理品质。大学生早年所接受的父母不良教养方式，是导致其以后心理不健康的重要原因。

（三）社会因素

随着社会的不断进步和发展，现代化的程度逐渐得到提高，人们的心理困扰便会日益加剧，心理疾患的发病率就会随之上升，这几乎是所有国家在现代化的进程中难以避免的一种社会现象。当前来讲，我们的社会正在处于一种转型期，转型期的社会在一定程度上必然会对大学生产生比较强烈的冲击，最后造成适应性的困难。

（四）大学生群体心理因素

1. 心理延缓偿付期

所谓的心理延缓偿付期就是指从年龄、生理和心理上讲，绝大多数的大学生已经是成年人的，既然是成年人，就应当承担起成年人的义务，但是大学生正在处于学习的黄金阶段，所以，对于大学生承担社会责任的时期，社会酌情并合法地延缓他们承担责任的时间。

即使是这样，还是会对大学生产生比较大的影响，突出的表现就是成人身份与经济、社会地位的冲突，逐渐使得大学生的心理产生很多的心理问题。

2. 对自我统一性的追寻

所谓的自我统一性就是指大学生不断寻求自我的发展过程中，对自我的确认和对有关自我发展的一些比较严重的问题，比如理想、职业、价值观、人生观等的选择。

第三节　科学锻炼等于健康体魄

一、体育锻炼对增强体质的作用

（一）对身体发育与机能发展的作用

人体是一个完整的统一有机体，可分为神经、运动、循环、呼吸、消化、泌尿、生殖、感觉和内分泌九大系统。经常参加体育运动，能促进人体各器官组织的新陈代谢，促进有机体协调发展，对增强体质、提高健康水平起决定性作用。

1. 运动能改善和提高中枢神经系统的工作能力

（1）使人头脑清醒、思维敏捷。
（2）解除疲劳和精神紧张，改善睡眠。
（3）防止脑动脉硬化，维持大脑良好的血液供应。

（4）提高体温调节中枢的机能，增强人体耐寒耐热的能力。

2. 运动能改善心血管系统的形态结构和机能

（1）提高心肌利用氧的能力。
（2）提高心力储备。
（3）降低血脂，减少心血管疾病的发生率。

3. 促进物质代谢，改善消化系统的功能

经常参加体育运动的人，自然而然体能消耗就会增多，他们的新陈代谢也会不断旺盛起来，这些消耗的能源物质就需要通过人体摄入事物来补充了，于是在一定程度上就促进了消化机能的发展。

这是因为，运动使消化腺分泌的消化液增多，消化管道的蠕动加强，胃肠的血液循环得到进一步改善，而且由于某些消化酶和代谢中酶的活动也提高了，使得食物的消化和营养物质的吸收进行得更加充分和顺利。

（二）对发展身体素质与提高基本活动能力的作用

1. 对发展身体素质的作用

（1）力量素质。
力量素质是指身体或身体某部分肌肉在紧张或收缩时克服阻力的能力。
力量素质分为静力性力量和动力性力量（速度性力量与重量性力量）两种形式。力量素质是首要的身体素质，是各项素质的基础。缺乏力量，要提高其他身体素质是不可能的。
不同项目对力量素质的要求有所不同。体育锻炼能使肌肉力量增强，使身体内部产生肌肉的形态结构和生物化学的变化，以及大脑皮层各相应神经中枢之间形成很好的协调关系等一系列综合变化的结果。
（2）速度素质。
速度素质是指人体进行快速运动的能力，即在单位时间内迅速完成某一动作的能力。
通过体育锻炼，促进了大脑皮层兴奋和抑制的转换，加速了肌肉收缩和放松的交替，缩短了完成单个动作的时间，加强了无氧代谢过程，增加了体内能量的储备，从而加快了动作频率和动作的反应速度。
（3）耐力素质。
耐力素质是指人体长时间内进行肌肉活动的能力。耐力分为肌肉耐力和心血管耐力。

通过体育锻炼，可使心脏增大，血压稳定，安静时心率降低，脉搏输出量和心血管耐力提高。长期锻炼，使肺脏容积增加，肺泡的通气量增大，从而提高了肌肉耐力，因此，可以培养出包括速度耐力、力量耐力和静力性耐力等不同的耐力素质。

（4）灵敏素质。

灵敏素质是指在各种复杂的条件下表现出的对动作的准确、协调、机敏、易变、有高度的操纵能力和迅速改变身体或某一部位运动方向的能力，也是多种运动素质和动作技能的综合表现。

在熟练地掌握动作技能的前提下，通过多次重复训练、刺激，熟练掌握各种动作，提高大脑皮层的灵活性，是发展灵敏素质的有效手段。

（5）柔韧素质。

柔韧素质是指人的各个关节活动的幅度，以及肌肉和韧带的伸展能力。

柔韧素质的好坏取决于骨的结构，关节周围组织的体积，以及韧带、肌腱、肌肉、皮肤的伸展性和弹性。体育锻炼可以提高肌肉、韧带的弹性和关节活动的范围，提高神经支配肌肉收缩和放松的协调能力。

2. 对提高基本活动能力的作用

人体的基本活动能力亦被称为人体本能动作，是指人的各种基本技能，如走、跑、跳、投掷、攀登、爬越、滚翻、负重、搬运、支撑等。这些都是人类生活、学习、劳动、锻炼中的基本动作。

人体基本活动能力的发展，是建立在身体的形态结构、生理机能、身体素质发展基础之上的。人体基本活动能力，取决于机体各组织系统的功能，而体育锻炼是提高各组织器官机能的有效手段。同时，体育活动又是对走、跑、投、跳等基本活动能力的直接锻炼。

人生来都具有一定程度的素质，由于体育运动中要求人们活动达到相当高的程度，身体各部分的机能必须最大限度地得到动员和发挥，所以在体育运动中，发展各项身体素质对提高基本活动能力具有重要意义。

3. 对提高人体适应自然环境能力的作用

外界环境主要包括自然环境和社会环境两个方面，自然环境又包括了地理环境、季节、气候的变化；而社会环境又包括城市环境的影响以及社会的其他因素对人的有机体刺激等。

巴甫洛夫说："健康就是人体与自然界的平衡。"这与中医的"天人相应"观点是一致的。人体能否适应外界环境的变化，是衡量人体功能能力的重要标志。

二、体育运动与营养

（一）人体需要的能量

能量的需要和人体不同的生理状况、生长时期、劳动强度、周围环境等因素有关。

根据性别、劳动强度、年龄的不同针对成年人提出了不同的热量供给。劳动强度增加，身体消耗增加，就需要供给较多的热能；随着年龄的增加，体力活动减少，消化功能也减弱，热量供给应减少。

（二）体育运动与维生素

维生素在体育锻炼或运动训练中具有特殊生理作用。由于维生素参与机体的各种代谢，运动时物质代谢旺盛，维生素的需要量增加，缺乏或不足都会对运动能力产生不利的影响，如表现为机体做功能力下降、肌肉收缩无力、疲劳加重等。

有实验证明，维生素的缺乏可导致工作能力的下降，补充所需或不足的维生素，可以提高运动能力。有学者认为，当食物中维生素C和维生素B1供给充足时，能加速肌肉中磷酸肌酸（CP）及糖原的合成，促进血液及肌肉中乳酸的消除。

维生素C能促进机体有氧氧化过程，降低运动负荷时氧气消耗量，缩短恢复期。维生素C在赛前数日或赛前一次大量服用均有效，如赛前一次口服维生素C 250~300mg，可使运动持续时间延长，运动成绩提高，疲劳提前恢复。一次大量服用维生素C后的30~40分钟即可发挥作用。

维生素E的补充对在高原训练的运动员的运动能力的提高具有重要意义，如可增加受试者的最大吸氧量、使衰竭性运动后的血乳酸浓度显著下降等。

由此看来，维生素的适量增加，确实能够增强人的运动能力，但当体内维生素处于良好水平时，额外增补或超常量（RDA的10倍或更多）使用某一种或几种维生素制剂，效果往往不明显。过量补充某一种维生素会引起体内维生素的不平衡。脂溶性维生素A和维生素D的过量摄入，可在体内蓄积而引起中毒。维生素A中毒的症状为：厌食、兴奋过度、长骨末端外周部分疼痛，头发稀疏、肝肿大及皮肤瘙痒等；维生素D中毒的表现是异位钙化。有资料报道，过量的维生素C摄入，会引起胃肠道不适。

大学生和运动员在热能营养充足和平衡膳食的情况下，一般不会发生维生素缺乏的情况，但在大运动量训练或减体重期，热能营养不能满足需要时，或添加食物的营养密度不够，以及吃蔬菜、水果较少时，应适当补充维生素制剂。因为维生素大多不能在体内合成或合成量甚微，以预防维生素的营养不良。

（三）体育运动与矿物质

现已研究发现人体内含有81种元素，必需的常量元素有11种，其中的矿物质有钙、磷、钠、钾、氯、硫、镁7种；含量较少的必需微量元素有铁、碘、氟、硒、锌、铜、锰、钴、钼、铬、镍、锡、硅、矾14种。

人体内的矿物质具有重要的生理功能，如构成机体组织、参与维持细胞的渗透压及体内酸碱平衡、维持神经肌肉兴奋性和细胞膜的通透性、构成具有重要生理功能蛋白质的成分也是许多酶的激活剂和组成成分等。

人体在运动过程中，由于代谢机能旺盛，因而对经常参加体育活动的大学生或运动员来说，矿物质的营养状况对其健康和运动能力具有重要影响。

（四）体育运动与水

水是生命的源泉，是维持生命活动必需的物质。人体内的水和溶解于其中的电解质共同构成体液，占体重的57%~60%。水分对维持人体散热系统的功能和血容量具有特别重要的作用，其主要生理功能有：

（1）构成细胞浆。

（2）维持电解质平衡。

（3）各种化学反应的基质。

（4）各种化学、生化物质的溶剂。

（5）各种物质的运载体。

（6）调节体温。

（7）润滑作用，如关节液。

（8）内耳的声波传导。

（9）眼房水的视觉功能。

（10）唾液可促进吞咽。

人体的需水量取决于排出水量。每日水的摄入量应与机体经各种途径排出的水量保持动态平衡。成人一般每天由尿中排出的代谢废物和电解质的总量为40~50g，肾脏为排除这些代谢废物至少需排尿1500mL。所以，成年人一般情况下每天对水的最低生理需要量为1500mL，每日每千克体重供水40mL为宜。高温、运动等出汗多时，供水量应相应增加。

（五）运动前的营养

1. 运动前的食物

通常来讲，一些高纤维的食物会比较容易引起肠胃的不适，因为它们需要较长的时间来消化，有些高纤维的食物也会富含糖类，比如我们生活中比较常见的一些全麦面包、高纤维饮料等，这些食物一般会造成运动过程中身体的不适，所以，在进行运动之前应当尽量避免进食这些食物。

2. 运动前的最佳进食时间

进食的时间一般会随着运动的时间和食物的种类不同而发生相应的改变，但是进食的时候一定要遵循一个必要的原则，那就是吃进去的食物在运动的过程中会源源不断地提供能量和影响，同时还不至于在进行运动的过程中导致肠胃的不适。

一般情况下，身体震动较小的运动，比如自行车选手或者是游泳选手一般不会感到肠胃的不适，不会受到食物的影响，当然身体震动较小的运动在进食的时间和食物的选择方面会有较大的弹性。

三、体育锻炼的原则与科学选择

FITT是频度（Frequenly）、强度（Intensity）、时间（Time）和类型（Type）这四个英文单词的缩写，它是从事体育锻炼，增加健康所必须采用的基本监控原则。

（一）体育锻炼的基本原则

1. FITT原则

人要想获得良好的体育锻炼效果，在一定程度上就要必须自觉地去遵循体育锻炼的基本原则，并且还要根据自己的爱好和身体的状况，适当地进行一些适合自己的运动项目和运动方式，合理制定自己的运动方案，切忌夸大。

（1）运动频率。

运动频率是指每星期进行身体锻炼的次数。进行锻炼的频率越高，热量的消耗量就越大；进行锻炼的频率越低，身体机能复原的时间便越长。为此，要想获得良好的体育锻炼效果，每星期至少应该进行3~5次体育锻炼。

（2）运动强度。

运动强度是指身体机能所要承受超负荷的水平。运动超负荷愈高，人体消耗的热量就愈大。运动强度大小的控制，必须遵守循序渐进的原则，充分考虑自己的身体状况和适应能力，如进行有氧运动时，心率应该控制在最大心率的60%~80%为宜。

（3）运动时间。

运动时间是指每次体育锻炼的持续时间，它与体能消耗是成正比的。因此，运动时间与运动频率、运动强度的不同组合，便会达到相同或不同的锻炼效果。为了提高人们的心肺功能，每天至少应持续进行20~30分钟的有氧运动，每星期应进行3~5次、持续20~30分钟的有氧运动。

（4）运动种类。

运动种类是指不同的运动类型，可分为有氧运动、无氧运动和混合运动。有氧运动项目包括步行、远足、慢跑、跳绳、游泳、跳操、骑自行车和划船等。

进行有氧运动需持续3分钟或以上，可使大组肌肉及有氧能量系统进行韵律性运动。无氧运动是使无氧能量系统进行短暂的（3分钟以下）爆发性运动，包括举重、短跑、投掷等，主要功能是训练肌力与肌耐力。

2. 超负荷原则

超负荷原则是指在进行体育锻炼时，身体或特定的肌肉受到的刺激程度强于不锻炼时或已适应的刺激程度。在进行体育锻炼时只有遵循超负荷原则，身体素质才能逐渐得到提高。

虽然超负荷锻炼可以使身体健康素质逐渐得到提高，但这并不意味着每次必须练到筋疲力尽。事实上，即使不进行超负荷的练习，一般性的锻炼也能保持和提高身体健康水平，只不过要花更多的时间进行锻炼才能取得良好的锻炼效果。

3. 循序渐进原则

所谓的循序渐进的原则就是超负荷原则的一种延伸，这种原则就是指在我们进行体育锻炼或者有目的性地提高某种身体素质的时候应该逐渐增加运动的负荷。如果想要获得更加理想的锻炼效果，那么我们需要适当的增加一些运动负荷，但是在增加运动负荷的同时，不要过快，也不要过慢。运动负荷增加太慢在一定程度上会限制身体健康素质的进一步提高，当增加速度过快的时候，在一定程度上会造成运动疲劳，进而引发运动损伤，最终会影响正常的训练，得不偿失。

4. 安全性原则

安全性原则要求在体育锻炼的过程中要始终注意保护自己，做到安全第一。

安全性原则的主要内容包括：

（1）在我们有效地制定或者是实施训练计划的时候，一定要先进行体检，在得到医生的许可之后方可进行锻炼，如果经过检查患有某种疾病或者是家族遗传病，则需要找到医生进行咨询，应该按照医生的建议进行锻炼。

（2）在条件允许的情况下，有必要请运动医学专家根据个人的体质健康状况对你进行运动处方的指导，有了运动处方之后，它可以有目的、有计划地进行安全和科学的训练。

（3）在进行锻炼之前一定要先进行热身活动，进行热身活动的目的就是充分调动身体内脏器官的生理惰性，最大限度地去防止运动损伤的产生。

（4）在饭后、饥饿感或者疲劳感比较大的时候，应该暂时停止锻炼，在疾病初愈之后，不应进行较大幅度的训练。

（5）在训练完毕之后，要适当注意整理或者进行放松动作，进行放松动作的目的就是不仅有利于身体的恢复，而且会拥有更多的精力去投入到学习中去。

（6）还需要注意的就是，在锻炼的过程中尽量不要大量饮水，一面加重心脏的负担，进而导致肠胃的不适，在运动大量出汗之后，不宜马上洗澡，防止刺激皮肤毛孔。

5. 适时监控原则

所谓的适时监控原则指的就是在人们进行体育锻炼的过程中，能够恰当地去监控自己的运动强度。在适时监控原则的指导下，测量心律能够有助于进一步的了解和更好地去控制体育锻炼过程中的运动强度。能够精准地明确运动强度需要增加还是减小。测量心律的办法一般有两种，触压桡动脉和颈动脉。

靶心率为人们确定了以健康为目的的运动必须保持的每分钟心率的上限和下限。一旦靶心率被确定，就可以监控自己运动时的练习强度，如果运动时心率超过了自己靶心率的上限就应该降低运动强度；如果运动时心率低于自己靶心率的下限就应该增加运动强度。

（二）体育锻炼的科学选择

每个人可自由支配的时间有限，且有一定差别，体育锻炼的内容又是多种多样的，这就需要进行科学的选择，以保证体育锻炼朝着积极向上、有助于健康的方向发展。

1. 考虑运动的节奏

体育锻炼的节奏体现在两个方面：一是整体生活中的节奏，二是体育运动本身的节奏。一般而言，学习和工作的节奏快，所选择的体育运动的节奏应相对较慢；学习和工作十分紧张，应该选择比较容易放松身心或比较轻松的体育运动。

对以脑力劳动为主的大学生来说，容易消除大脑疲劳、轻松愉快、节奏感快的有氧运动，是最佳选择。

2. 考虑运动的内容

选择适合自己的锻炼内容，以适宜的方式进行锻炼，才能在有限的自由支配的时间里达到锻炼的目的。不同的人由于个性和生活环境的差别，兴趣和爱好不尽相同。好动性格的人可以选择四肢参与比较多的体育锻炼，如轮滑、健身操等；好静性格的人可以选择健步行走、登高或远足等。此外，还应该遵循身心互补的原则，通过互补更好地调节身心。

选择体育锻炼内容时，还应考虑自己的身体条件和健康状况。这样既可以保证自己的安全，又不至于出现参加了体育锻炼反而损害健康或影响学习。经济状况、气候条件、安全保障等，都是选择体育锻炼内容时需要考虑的因素。

（三）体育锻炼的合理安排

1. 考虑时间和内容因素

体育锻炼的安排要根据自己可自由支配的时间来确定。为使体育锻炼能够有保障且顺利地进行，通常要作出一个大体的计划，包括锻炼的时间、地点、人员和内容。

从时间因素来讲，运动时间一般分为平时、周末和节假日三种。应根据这三种不同时间的特点，安排不同的运动内容。

例如，平常每天早晨可用30分钟进行跳绳、踢毽子、健身跑、爬楼梯等运动，也可以采取步行、慢跑的方式去学校，或进行其他有交通需要的活动，以身体得到随时锻炼为目的；晚上可以进行健步行走、游泳或健身跑等运动，采用低运动强度，以利于身心疲劳的转换和精力、体力的恢复。

周末和假日可自由支配的时间相对较多，且比较集中，可安排一些需要一定时间才能够进行的运动，如登高、远足、骑自行车远游、野营等。

除了"十一"、春节等长假以外，一般运动内容不宜安排得过多，时间也不宜过长，否则容易造成身体负荷过重，影响学习、生活。

体育锻炼的安排既可"专一"，又可"多样"。"专一"有利于提高运动技术，发展运动个性；"多样"则可不断追求新颖、丰富体验、扩展知识、充实自己，这对改善心情、增添乐趣、激发欲望、增进健康、调节学习和生活节奏等都会起到积极的作用。

2. 克服惰性和不良的生活习惯

经常听到有学生抱怨学习任务重、压力大，没有时间进行体育锻炼，仿佛体育锻炼与学习、生活是不可调解的一对矛盾，事实并非如此。大学生要想让体育锻炼成为自己生活中一个不可缺少的组成部分，首先就要改变不良的生活习惯和生活方式，合理地安排时间。

自己的头脑中要有一张适合自己的作息时间表，充分利用每天零星的时间来进行身体锻炼，可自由支配的时间绝不应该被聊天、上网、看电视、读小说、静卧等过多占据。

3. 考虑情绪和心境因素

体育锻炼内容的选择和安排还应该考虑情绪和心境两个因素。体育锻炼本身强调身心的和谐统一，在身体活动的同时使心理获得最大的满足。在欠佳的情绪状态下进行体育锻炼，特别是参加对抗性的运动，有时会对自己和他人造成负面的影响，甚至成为破坏团结的隐患。如在情绪激动、易怒的情况下，最好远离篮球、足球、拳击、搏击健身操等对抗性、接触性强的运动。

此时，最好进行一些较轻松愉快的、容易平抑情绪的活动内容。在情绪沮丧、冷漠时，应选择参加一些生动活泼，娱乐性、群体性强的体育活动，如登高远足、野营等，以缓解不良情绪，愉悦心情。

四、运动处方

（一）运动处方的概念

1. 运动处方的三个阶段

第一阶段：热身运动。每次运动前都应有一段热身准备，时间一般为5~6分钟。热身使体内温度升高，血流量和肺呼吸量增加，全身肌肉充分伸展，以便使身体适应即将开始的激烈运动，防止运动损伤和肌肉酸痛现象的发生。

第二阶段：主要运动。确定运动的负荷强度和运动持续时间是关键。

第三阶段：整理活动。整理阶段与运动阶段实际上是连贯的，即在激烈运动后以强度较低的方式继续活动一段时间。

2. 制订和实施运动处方的基本原则

在制订和实施运动处方时应遵循下列基本原则：

（1）运动处方个体化。

由于每个人的身体条件千差万别，不可能有放之四海而皆准的处方。即使可能，每个人的身体或客观条件也在经常变化。严格地说，上周的处方本周就不一定适合。所以，必须根据每个人的具体情况，因人而异，个别对待。

（2）运动处方要不断调整。

对于初定的处方在实行过程中要进行一次或多次的微调，使之逐渐符合自己的实际情况。一个安全、有效、愉快的运动处方不是别人给予的，而是自己制订的。各种书刊上介绍的运动处方只是制订运动处方的参考。

（3）要以耐力为基础。

在我们科学地制定运动处方的时候，一般体力上的差别会比年龄上的差别更为重要，以体力情况为基础制定的运动处方一般来讲才是最科学的运动处方。

（4）保持安全界限和有效界限。

为了提高全身耐力水平，运动必须达到改善心血管和呼吸功能的有效强度，这就是靶心率范围。

3. 运动处方的种类

运动处方大致可分为治疗性运动处方、预防性运动处方两种。

（1）治疗性运动处方。

治疗性运动处方是用于某些疾病或损伤的治疗和康复，它使医疗体育更加定量化、个别对待化。

（2）预防性运动处方。

预防性运动处方主要用于健身防病。

4. 效果检查

由于人体的运动机能会有比较大的差距，所以在实行运动处方的过程中，很有可能会出现一些身体不适的情况，在这个时候，我们应当在实践中及时进行检查和必要的修正，为保证锻炼的效果打下良好的基础。

（二）制定体育锻炼处方

体育锻炼处方的制定一般包括三个环节：医学检查、制定处方、实施处方锻炼。

1. 医学检查

进行医学检查的目的是要根据健身者的健康状况判断其能否进行体质测定和处方锻炼。

一般来说，健康的人可以从事健身运动，而有病的人也可按制定的处方在医生的监督下进行锻炼。

（1）运动前的检查。

1）近期检查。它包括安静与负荷两种状态，检查时间为锻炼前两个月，其目的一是检查是否有病，二是检查承受运动负荷的能力。

2）潜在疾病的检查。通过医生的问诊与技术检查，探究是否患有贫血、甲状腺肿大、肝病或浮肿等病症。

3）临床检查。鉴定能否运动。检查内容为：

血压——安静时收缩压不超过140mm汞柱，舒张压不超过90mm汞柱。

心电图——采用一般诱导法。

尿检一蛋白质和糖呈阴性。

胸部X光诊断——有无肺炎、肺结核、胸膜炎等。

经过上述诊断，医生即可决定被诊断是否可以从事运动锻炼。

判断分下列四种情况：

- 可以从事任何体育测验和运动；
- 某种体力测验和运动不可进行；
- 与医生商议，可慎重地进行体力测验和运动；
- 一般剧烈的运动都禁止进行。

（2）体能测定。

1）心血管机能评价。

我们知道，心血管系统主要是负责机体内部新陈代谢的一种重要运输系统。心脑血管系统的机能状态会随着人体运动的状态而发生较大的改变，同时也可以对长期的运动刺激产生一些与之对应的调整适应。如果想要对心脑血管疾病作出相对比较全面的评价，那么我们应当测量的就是相对安静状态的机能反应以及最大运动负荷状态下的机能反应。

计算公式：$HR=1800/t_{30}$（HR代表心率；t_{30}代表30次心率所需时间）

2）有氧能力测试。

有氧能力是进行耐力运动的基础。测量有氧能力的方法是对人体最大吸氧量进行评价，一般采用12分钟跑进行评价。

2. 制定体育锻炼处方的步骤

（1）确定锻炼目标。

锻炼目标是具有不同身体状况和运动需要的个体进行处方锻炼的运动目的。

来自主观的需要对运动目的具有较强的驱动作用，是运动目的的直接动因；来自客观的需要是运动目的的定向因素，对运动起着定性、定向或选择作用。两者既相互影响、相互制约，又相互依存、相互促进。

在以增进健康、增强体质为目标的锻炼处方中，也存在着不同的情况，有的人为了提高全身耐力水平（有氧运动能力）而锻炼，有的人为减肥而锻炼，还有的人为治疗糖尿病、关节炎等疾病而锻炼，这些都属于确定身体锻炼目标的范畴。

对于一般大学生来说，在多个锻炼目标中，应以提高耐力水平（心血管机能）为主。确定目标时，要注意是为了健身而进行运动锻炼，不可无止境地追求运动技术与运动能力的高水平，这一点与运动员的目标明显不同。概括起来，体育锻炼处方的运动目标有四类：健美、强身健体、保健、康复。

（2）选择运动项目。

为了达到全面身体锻炼的效果，正确选择适应个体状况的运动项目十分重要。根据不同的运动特征可以将运动项目分为许多类型。

现代锻炼处方应包括以下三种主要运动类型：有氧耐力性运动、抗阻力性力量运动、伸展柔韧性运动。

根据运动目的和身体的具体情况，选择3种类型的比例应各有侧重。有氧耐力性运动主要是改善和提高人体的有氧工作能力。

抗阻力性力量运动是以增强力量、健美形体为主的运动。

伸展柔韧性运动是以调整呼吸节率、伸展肢体、增大关节活动幅度为目的的拉、压练习，以慢节奏健美操、瑜伽功及类似功法等为主。

健身锻炼处方中的运动项目是为了增强体质而选用的。在健身运动中，要避免选用高难度、大负荷的竞技运动项目。

运动并不是消除压力的最佳治疗剂，它只对在通常压力下的人具有治疗作用。假如处在极度的情绪压力状态中，千万不要运动。所谓情绪压力，是指一个人遭逢重大变故，如亲人不幸死亡、工作被辞退等原因而情绪处于极度不安。假如健康不佳，就不能做竞赛性运动，充其量只能做中等强度的运动。

这不是说在恢复健康的过程中不能做任何竞赛性运动，而是说应该分外谨慎，不要把较量技术水平高低的竞技运动与增强体质的健身运动混为一谈。因此，要把选择运动项目与确定锻炼目标结合起来。个人喜欢但健身作用不大的项目，就应该从锻炼处方项目单上予以删除。

（3）确定运动强度、时间和频度。

这种适应性的反应会因为运动方法的不同而产生较大的差异，比如，在我们反复进行强烈的运动之时，肌肉在一定程度上就会变得更加粗壮，肌肉的力量也会逐渐增加，而反复进行长跑锻炼，也会在一定程度上增强自身的心肺能力和血液循环系统的功能，可使更多的氧摄入体内。

为了长期收到锻炼效果，需要运用"超量负荷的原理"。这个原理要求根据人体在运动作用下产生的适应性反应来不断调整运动量。调整的标准是，使运动量引起人体生理反应的心率指标达到120~140次/分的范围（这是健身运动的最佳负荷价值阈）。心率达不到这个范围，不论重复多少次，都不会引起身体的良好变化。

所以，在制定运动处方时，运动项目、强度、时间和频率等的搭配是个大问题。此外，还应考虑实际从事运动者的年龄、性别、体力、生活环境等个体的差异。

五、运动处方的实施

（一）运动锻炼的组成及阶段性

任何一次有目的的锻炼，都应该由三个阶段组成，即准备阶段、正式锻炼阶段或训练阶段和整理阶段。

1. 准备阶段

通过准备活动，我们的身体能够逐渐从相对安静的状态逐步过渡到一个适宜强度的状态。

进行这个阶段的任务就是，能够有效地通过准备活动进一步提高神经中枢和肌肉的兴奋性，进一步加强对刺激的反应；动员和增强心脏活动、呼吸功能，加强肌肉的血流量及供氧量，最大限度地使自身的体温增高，全面自己身体酶的活性，加快化学反应的过程，最终使得肌肉的粘滞性逐渐下降，弹性也会逐渐加强，可以在一定程度上防止运动损伤的产生。加强参与能量代谢和物质代谢的汗腺活动，为机体加快代谢产物的排泄做好准备。

儿童、少年神经系统灵活性高，准备活动时间可短些；寒冷季节准备活动时间可长些；运动水平低的体弱者，准备活动量不能过大，时间也可短些。高水平的耐力性项目运动员准备活动时间可长些，有的要达30~50分钟。

准备活动的量与强度应低于正式运动，活动的形式通常做一些伸展性的柔软体操，依次活动身体各部位关节，再做一些轻松的节律性的运动，逐渐增大运动幅度和速度，使心血管、呼吸系统机能逐渐动员，直至接近正式活动的强度。适宜准备活动的标志是身体发热，微微出汗，呼吸频率明显增加。

准备活动后应有短时间的休息间歇，然后开始正式运动，间歇的时间不宜过长，约三分钟为好。

2. 训练阶段

我们通过实施运动处方的逐项运动，进一步使自己的身体维持在一个相对较高机能的状态下持续运动锻炼的过程。

其中，心血管运动处方中，该阶段的主要任务是：达到和保持适宜的运动强度，使得运动中的吸氧量真正能够满足自身氧气的需求量，最终促使了心血管呼吸系统以及有氧代谢能力的逐渐提高，最终提高其机能的适应能力，提高机能潜力，尤其是心脏功能储备力。

适宜的运动强度，即运动处方中设定的强度。在实际运用中须通过一定时间的自我反复体会、校正，才能达到较准确的程度。持续运动所需要的时间即运动处方中设定的时间，一般至少应在10分钟以上。

（二）运动量的自我监控

运动中常涉及运动量、运动负荷量、训练量、生理负荷量等名词，由于很多书刊不加区别使用，造成概念的混乱。在此，有必要先明确有关的概念。

1. 训练量

为运动训练、运动锻炼所制定的计划中所给予的工作量，是由外界给予人体的一种刺激量，是离开生理负荷量来预定的一种训练工作量。通过设定运动的强度、时间、密度、练习数量和间歇时间等五个因素的综合来表示。

2. 生理负荷量

生理负荷量是人体在运动训练、运动锻炼中对运动所引起生理机能反应的量或程度。各器官系统产生某种程度的反应，可通过各种生理机能指标用量的形式反映出来。

例如：心率、血压、心输出量、吸氧量、肺通气量、血乳酸浓度等。这些生理指标变化量的大小表示生理负荷量的大小。参加体育锻炼或运动训练的人，由于性别、年龄、体质、运动能力等不同，其承受同样的训练量，引起的机能反应是不一样的。所以，同样的训练量给予不同的对象，其承受的生理负荷量是不一样的。

从以上两个概念中不难看出，训练量是给予人体的刺激量，生理负荷量是人体承受刺激量所引起的反应量。

反应量的大小既表示了生理负荷量的大小，同时也反映了训练量的大小，二者有区别也有联系，不能离开生理负荷量谈训练量的大小，也不能离开训练量谈生理负荷量的大小。由此引出了"运动量"的概念，从刺激与反应的生物学原理来看，运动量则是这两个概念的统一。

运动量，也称运动负荷量，是人体在运动中所承受的生理负荷量，或者说是人体在运动中对训练量所引起的生理机能反应量。

3. 心率自我监测

首先要学会计算自己的目标心率，并能熟练地测定自己的脉搏。常在手腕桡动脉处或耳前方颞浅动脉处用手指触摸动脉搏动次数，亦可把手放在左胸部，直接测量心跳次数。

但不可在颈总动脉处测定，因为触摸颈动脉的压力有时会引起心率明显减慢，并有可能出现心脏活动异常。通常运动停止后即刻测得的10秒钟脉搏数乘以6作为运动时的心率。

有的人从运动停止到触摸脉搏、看表要耽误约15至20秒钟，由于此期间心率恢复很快，这样测定的数据就不准确。因此库珀建议，在这种情况下，可在测得的心率上再加10%作为运动时的心率。

例如，刚停止运动后测得的10秒钟脉搏为25次，乘以6是150次，再加上15，则运动时心率就是165次。

4. 自我感觉与基础指标检查

在进行该项工作的时候，一定要充分观察每次运动之后疲劳恢复的状况，运动量适宜的标志就是能够在第二天起床之后，疲劳感完全消除，感觉轻松愉快、睡眠良好、体力充沛，有运动的兴趣和欲望。

第五章　体育教育管理的综述

体育教育管理是通过运用管理学的基本原理来研究体育教育管理运行的规律并提出解决体育教育管理中问题的方法的一门综合学科。

因此，了解和掌握体育教育管理学的基本理论是非常重要的。本章就体育教育管理的基本理论进行研究。

第一节　体育教育管理的特色

为了确保体育教育"育人"目标的最终实现，体育教育管理起着重要的作用。本节就体育教育管理的特点和内容进行研究分析，为今后体育教育管理提供指导。

一、体育教育管理的特点

体育教育管理具有系统性、阶段性、方向性和教育性的特点，具体内容如下。

（一）系统性

体育教育是一个相对复杂、多变的动态系统，在整个系统的运行中难免会出现这样或者是那样的问题，这些问题如果不能得到及时的解决，在一定程度上就会干扰到体育教育工作的健康和谐发展。

只有通过不断提高体育教育的管理效能，才能确保这一系统协调运转。这就要求我们需要建立一个强有力的整合系统，然后进一步完善各种制度和控制手段，最终目的就是维持学校体育管理系统的动态和良性发展。

（二）阶段性

学生是体育教育的主要对象。体育教育的管理与学校工作和学生的特点相适应。这主要表现在：学校工作是按学期或学年来安排的，上下两个学期的体育教学内容具有一定的差异，从而使每学期的工作需要保持一定的独立性。

（三）方向性

体育教育管理系统中各个层次的工作人员都要明确体育教育的基本任务是培养社会主义现代化建设所需要的"四有"人才，正确处理体育与其他教育活动之间的关系，并使之相互配合，以实现最佳整合效应。

（四）教育性

教育性是体育教育的重要功能，因此，体育教育管理要特别突出"以人为本"，充分调动体育教师、学生及各级各类管理干部的积极性。这也是提高体育教育管理效益的重要环节。在体育教育管理的整个过程中，要始终贯彻思想教育，并制定与执行各种体育管理法规。对学生的体育教育管理，更应将"育人"放在首位。

二、体育教育管理的内容

体育教育管理的内容主要包括体育教学过程、课外体育锻炼、课余体育训练与竞赛、体育师资、学生体质与健康、学校体育经费、体育场地设施、体育科研等方面。下面对这些内容进行简单介绍。

（一）体育教学工作的管理

作为体育教育工作的重要组成部分，体育教学是实现体育教育目标的基本途径。因此，提高教学质量，保证体育教学目标的实现是体育教学管理的目的。

1. 体育教学过程管理

体育教师和学生为实现体育教学任务而进行的双边活动过程，称为体育教学过程，它包括教务管理、课堂管理以及意外伤害事故管理。教务管理，课堂管理前的一项基础性工作，包括编班、安排课表、教师任务分配等工作。

意外伤害事故是指在体育教育教学活动期间发生的学生人身伤害或者死亡事故，对于体育教育意外伤害事故的管理，首先要强化"预防为主，安全第一"的意识及措施；其次要做好意外伤害事故的现场处理及管理。

2. 体育教学管理评估

体育教学管理评估是指按照一定的标准对整个体育教学管理工作和体育部、体育教研室（组）工作的效率和质量做出客观的判定，它是提高体育教学工作管理水平的有效手段之一。

总的来说，体育教学管理评估可以分为校内和校外两大类。校内评估是指学校自我评估，目的在于获得本校体育教学管理的有关材料，为学校管理者对改进和提高体育教学管理水平作决策和措施时提供依据，同时也对体育教师及场地器材管理人员起检查、督导作用。

（二）课外体育活动管理

课外体育活动是学校除按照体育教学大纲和教科书开展教育活动外，对学生所进行的有目的、有组织、有计划的教育活动。它不是课堂体育教学的延伸，而是与课堂体育教学相互促进、互为补充。

加强课外体育活动的管理，有助于发展学生的智力，培养学生的能力，促进学生的全面发展。课外体育活动管理的具体内容，详见本书第五章的相关部分。

（三）课余体育训练与竞赛管理

课余体育训练与竞赛是学校体育工作的重要组成部分。科学地进行课余体育训练和运动竞赛有助于推动体育教育工作的开展，对实现体育教育目标具有重要作用。

另外，通过进行科学地课余体育训练和竞赛，还可以提高运动技术水平，培养群众体育活动骨干，选拔配备优秀的体育后备人才。课余体育训练与竞赛管理的具体内容，详见本书第五章的相关部分。

（四）体育教师及学生的管理

体育教师和学生是体育教育教学活动的主要参与者，因此，对体育教师和学生进行有效的管理对于体育教学工作的顺利开展具有十分重要的作用。

（五）学校体育经费管理

学校体育经费管理是指对学校体育经费进行合理地计划、使用与监督检查等工作。

加强经济核算，讲究经济效益，提高管理水平，为学校体育发展提供经济保障，是进行学校体育教育经费管理的目的。

学校体育经费管理的任务是：对各项体育资金进行有效管理，并对学校体育各项工作的经费计划和预算进行编制并负责执行；对学校各项体育工作经费的使用，拟定相应的管理制度及实施细则；对学校各项体育工作经费使用的情况与计划执行情况进行监督和检查，并对各种体育经费的使用效果进行分析和考核，以使有限的体育经费发挥出最大的效益。

（六）学校体育场地设施与器材管理

体育场地设施与器材管理是加强学校体育物质条件保证的重要环节。

在对学校体育场地设施与器材管理的过程中，只有做到按计划构建、合理保管、及时供应、充分利用、科学保养、修旧利废、余缺调剂，才能有效地发挥体育场地器材的最大效用。

1. 学校体育场地设施管理

（1）制定相应的使用计划和管理制度。

学校体育场地使用计划主要指教学、训练、锻炼、竞赛使用计划，场地修建与维修计划，经费预算等。管理制度包括场地目标管理条例、场地管理人员岗位责任制、学校场地使用规定等。学校体育场地的管理必须交由专人负责，管理人员的数量，可以根据各学校场地的大小，视情况而定。

（2）对体育场地进行定期维护和保养。

对学校体育场地进行顶底维护和保养的目的，主要有以下两个方面。

1）保证场地使用的安全性，如跑道上的石块要清理干净，保证跑道的平整；游泳池制定专门的安全守则；单杠等一些健身器械要定期检查，拧紧螺丝；要及时对足球场中坑洼不平的地方进行修复。在维护和保养的过程中，要做到仔细检修体育场地设施，保证场地的标准化使用，并做好防火、防盗等安全保卫工作。

2）延长场地设施的使用寿命，如对田径场跑道进行定期的平整；篮球架、单双杠等设施，要定期用油漆进行保养和修补；定时对足球场的草坪进行剪修和浇水；木地板场地要定期进行保养；对于场地的一些容易磨损的边界线条，定期进行修补。

（3）高效、合理地使用学校场地。

为了更好地发挥学校体育场地的作用，在保证开展学校体育各项活动正常使用体育场地设施的前提下，通过加强管理，统一安排，可向社会开放体育场地来扩大学校与社会的联系，提高学校体育场地的使用率，从而使其经济效益提高。

（4）优化场地布局、保持场馆卫生清洁与环境美化。

学校体育场地的优化配备和合理布置，以及良好的场馆环境，也是促使学校体育管理目标顺利实现的重要因素之一。

2. 体育器材管理

与体育场地一样，体育器材也是学校开展体育活动不可缺少的物质基础，有体育运动中的"硬件"之称。它为学校正常开展体育教育活动提供重要保障。体育器材的管理主要包括体育器材的购置、登记与保管、使用、保养和补充5个环节。

（七）学校体育科研管理

学校进行体育科研管理的目的是有效地组织开展学校体育科研活动，提高科研管理水平，调动广大体育教师参与体育科研的积极性，提高科研效率，获得更多、更好的科研成果，促进学校体育事业的发展。

1. 学校体育科研管理的内容

（1）制定体育科学技术政策。

（2）选择制定体育科研计划。

（3）为学校体育科研工作提供必需的物质条件。

（4）提供体育科研工作所需的图书与情报资料。

（5）科学地组织学校体育科研队伍，并按科研工作需要和个人能力组织科研人员。

（6）建设相应的课题组、研究室、实验室。

（7）加强研究人员的培训工作。

（8）组织成果鉴定、推广和评奖等。

2. 学校体育科研计划

开展体育科研可以提高体育教师理论水平和体育教学的质量，同时也可以深化学校体育教学改革。在制订学校体育科研计划时，应注意以下几点要求。

（1）调查研究要深入。通过对教师的理论水平、科研能力和有关科研条件进行全面了解，进而对不同职称的教师在研究课题方面提出不同要求。

（2）正确处理体育科研与教学的关系。要以体育教学推动科研，以体育科研促进教学，使体育科研与体育教学相结合。

（3）体育科研要为体育教学改革服务。针对现阶段体育教学中存在的问题进行科学研究，如课堂教学结构的优化问题、学生体育能力的培养问题、教法与学法的改革问题等。

（4）为体育教师建立科研档案。对体育教师的科研成果资料进行完好保存，并作为体育教师晋升职称的依据。

（5）举办体育学术报告会。定期举行体育科研成果交流活动，对教师的体育科研成果给予肯定和奖励。

3. 学校体育科研组织

学校必须设立一定的组织并制定相应的管理制度，来确保学校体育科研工作的顺利开展，具体如下。

（1）设立学校体育科研机构。

不同的科研项目、课题来源，学校所设立的体育科研机构也应有所不同。一般情况下，学校体育科研的最高管理部门由科研项目、课题批准部门来负责。

此外，学校科技处（社科处）和体育教学部（室）均应根据学校有关科研管理政策加以管理。具体的管理者是项目、课题负责人。

（2）明确学校体育科研职责。

同样，不同的科研项目、课题来源，学校体育科研职责权限也会有所不同。通常情况下，项目、课题负责人承担体育科研工作的主要职责，并对参与该项目、课题研究的成员进行具体分工。

对于所有的体育科研课题来说，管理都需要划分为课题前期管理、中期管理和后期管理三个阶段，并且每个阶段的管理都有具体要求：前期管理要准，中期管理要紧，后期管理要狠。

（3）建立学校体育科研管理制度。

学校体育科研管理制度的制定，一方面可以确保项目、课题任务的顺利完成；另一方面也可以对体育教师进行鼓励和约束，使他们自觉主动地参加体育科研工作的需要。

除了按照国家、地方科研管理部门颁布实施的有关科技法规，制定本单位的相应规定之外，还可以结合学校人事分配制度改革（岗位津贴），制定体育教师岗位津贴和体育科研工作任务，明确科研奖惩管理规定。

（八）学校体育信息管理

学校体育信息管理是指对学校体育各种信息的搜集、加工、利用和储存的一系列活动过程。

能够反映学校体育发展状况与趋势的情报、资料是学校体育信息的主要表现形式，如学生体质测定、业余体育训练的各种资料、数据；体育教师科研情况及科研成果；体育教学档案；有关学校体育发展状况的各种统计资料、报表；各种体育报刊、期刊等。

学校体育心理管理应加强对各种信息的收集、汇总、加工、处理、分析、储存与传递，使之形成相互协调、密切结合的运转机制。还应创造条件，逐步推广运用电子计算机，建立一个"灵敏、准确、及时、适用"的学校体育信息管理系统。

在学校体育信息管理中要做好体育管理统计工作，它是获取体育信息的重要来源和渠道。

体育管理的统计工作，主要是收集并记录、整理和分析有关体育事业的各种数据统计资料，为各级体育领导决策研究提供可靠依据，对国家体育事业的发展状况作出客观反映，对各项体育政策、计划、措施的执行情况进行检查和监督。

体育统计与报表要及时、准确、系统、齐备。它要求建立严格的规范，包括报表的格式和指标体系，建立和完善统计组织体系。学校体育的统计与报表按照原国家教委发布的《教育统计工作暂行规定》实施。

体育局系统所实施的统计与报表制度，也包括学校体育工作的某些指标与数值，如《国家体育锻炼标准》达标率，经常参加体育活动的学生人数，体育传统项目学校布局情况和学校参加业余训练的运动队数与运动员数等。

第二节　体育教育管理的原理

体育教育管理的基本原理，是在现代管理学基本原理和体育教学结合的基础上产生的相应基本原理，这也是体育教育中的管理者所必须遵循的行动规范和准则。

一、人本原理

（一）人本原理的概念

人本原理，顾名思义，就是以人为本的原理。在任何一个管理系统中，人都是活动的主体，而管理所发挥的重要作用是最大限度地调动人的主观能动性。

根据管理实践证明，若一个组织能充分调动人的积极性，使人的主动性、能动性都得到较好地发挥，那么这个组织的管理效益实现得也好。因此，在管理过程中，创造一个好的环境，充分发挥人的各方面能力是管理所要解决的核心问题。

体育教育事业应是最大限度激发人才能的一项事业。体育教育管理的最终目标是把这种人的能量最大限度地发挥出来，所以体育教育管理所遵守的原理与一般的管理原理是一致的。

人本原理就是强调在管理实践中要把人放在第一位，突出人的作用，提高管理效益。在管理中，人既是管理的主体，同时也是管理的客体。根据主客体划分，可将人分为管理者与被管理者。做好人的工作是现代管理工作的关键；充分调动人的主观能动性与创造性是实现管理目标的关键。

现代管理实践已认识到，人创造组织整体，人创造组织的绩效，人支配和控制其他资源，所以，人是整个管理的中心，一切管理工作都应以调动人的积极性、主动性和创造性为出发点。

体育教育系统的大目标实现也是如此，所以坚持人本原理是体育教育工作的一项重要工作。

（二）人本原理的原则

人本原理的相关原则主要包括能级原则、激励原则、动力原则，具体内容如下。

1. 能级原则

"能级"是现代管理中十分重要的概念。"能"是指人的能力大小；"级"是指管理体系和管理结构的设置要体现不同的层次和工作内容。

在管理中，能级原则的运用主要表现在以下三个方面。

（1）按层次组成稳定的组织形态。管理结构分层次，才能使管理运动存在"势"，并且"势"能随着层次的升高而增大。现代管理要求按能分级，按层次管理。

（2）每个能级都有相对应的权益。权利、物质利益和精神荣誉是能量的一种外在表现，这些只有与能级相结合、相对应，才符合相对封闭原则，使能级与报酬、荣誉相符。

此外，处于不同能级的管理人员所拥有的权益也应有所区别，尤其是在待遇、荣誉方面，使这些管理人员做到在其位、谋其政、行其权、尽其责、取其酬、获其荣、惩其误。

（3）所有能级必须动态地对应。任何人都有自己的长处，也有自己的短处。在管理中，管理能级不同，对管理人员的素质与才能的要求也不同。在现代科学管理中，必须善于区别不同才能和素质的人，知人善任，使人的能级与工作能级相对应。同时，人的能力和岗位能级的要求也都是在不断变化的。

所以，在我们充分运用能级原则的时候，一定要根据人的才能水平以及岗位要求的变化，来不断调整他们的管理职务，使之能够相适应，尽量做到各类能级动态地对应，使每个人都能真正各得其所、各尽其才。

2. 激励原则

所谓管理的激励原则是指对组织中成员的多种行为进行科学地分析，激发其动机，最大限度地调动各类人员的积极性。在现代管理中，激励手段的有效运用，不仅可以调动组织中每一个成员的积极性，而且也能提高管理的效能，由此可知，激励原则在管理中具有极为重要的作用。

在管理中，激励原则的运用主要通过以下两个方面实现。

（1）对组织中成员积极性进行分析。积极性属于动机的范畴，它是一种能动的心理状态。组织中成员的积极性，往往通过其在工作中的主动性、责任心、创造性及干劲的持久性等行为表现出来。

要想调动和提高组织中成员的积极性，必须对其积极性进行全面、准确而及时地了解和分析，找出问题所在、对症下药，才能取得较好的效果。

（2）激励手段的选择和灵活运用。在管理过程中，应根据不同的管理对象、管理条件和管理任务，灵活选择和运用激励方式对组织中成员的积极性进行激励。常用的激励方式主要有以下几种。

1）目标激励。结合组织成员的工作岗位，将个人目标融合于机体目标之中，使目标具有一定挑战性，以此调动其积极性。

2）奖惩激励。通过奖励或惩罚，对组织成员的正确行为给予肯定或及时否定其不良行为，来达到提高其积极性的目的。

3）榜样激励。利用榜样激励，调动一般成员、后进成员及优秀成员的积极性。

4）感情激励。注重对成员进行感情投资，在思想、工作、生活中不断给以关怀，从而激发其积极性。

5）反馈激励。通过把成员的工作或学习成果及时地反馈给本人，同时做出客观评价，这对提高其积极性是很大的激励。

3. 动力原则

在管理中，动力原则的运用应注意以下几个方面。

（1）综合运动三种动力，以扬长避短，互相补充，取得最佳效果，在运用的过程中根据具体情况有所侧重。

（2）正确认识和处理个体动力与集体动力的关系，使个体动力在大方向一致的前提下得到充分发展，以获得比较大的集体矢量。

（3）运用动力时，要掌握好适宜的"刺激量"。

二、效益原理

（一）效益原理的概念

通过利用最小的投入或消耗，获取最大的效益是现代管理活动的重要目标。所谓管理的效益原理就是指在管理过程中，各个环节、各项工作，都要以提高社会效益和经济效益为中心，科学地、节省地、有效地使用有限的资源，以创造最大的社会效益和经济效益。

（二）效益原理的原则

所谓效益原理的原则是指以"大价值、高效能、低耗费"作为管理工作的目标，注重运用科学的价值分析方法，将这些目标统一落实到每一项工作中去。

价值分析应包括以下几方面内容。

（1）价值分析的基本目的是以最低的成本可靠地实现产品的必要功能。

（2）价值分析的核心是对产品进行功能成本总分析。

（3）价值分析是一种依靠集体智慧进行的有组织的活动。

根据价值分析方法，价值表示某种产品的功能与成本之比。公式如下：

价值（V）=功能（F）/成本（C）

在上述公式中，功能（F）指的是管理工作完成目标和任务的效能，是一种整体功能；成本（C）是一种综合成本概念，它既包括物力和财力的耗费，也包含智力和时间的耗费。根据这个价值公式可知，价值原则在现代管理中的运用，即价值=产出/投入。

由此可知，要想提高现代管理的效益，追求最佳经济价值与社会价值，可以通过下面几种途径实现。

（1）采用新技术、新方法，提高产出和绩效，降低成本。

（2）在产出和绩效不变的情况下，降低成本。

（3）在成本不变的情况下，提高产出和绩效。

（4）在产出和绩效略降的情况下，大幅度降低成本。

（5）在大幅度提高产出和绩效的情况下，控制成本，使其略升。

三、系统原理

（一）系统原理的概念

自然界和人类社会中所存在的一切事物都具有系统属性，存在着各种各样的系统。

可以说，任何一个管理对象都是由若干要素组成的特定系统。按照整体目标的要求，管理系统中的各个要素按照一定的结构动态地组合在一起。在管理中，管理者可以把任何一个组织及其环境看成一个系统，而且每个系统又与其他系统发生联系。

所谓现代体育教育管理的系统原理就是在管理活动中，运用系统理论，对管理系统对象进行分析，使整体效应最佳化，以实现组织的目标。

系统原理具有目的性、整体性和层次性三方面特征，内容如下。

1. 目的性

每一个系统都应有明确的目的，如果管理的目的不明确，必然会造成管理的混乱。在管理中，应根据系统的目的和功能来划分各个子系统，建立其结构。围绕系统的目的，来设置各个子系统，使每个子系统都服从系统的目的，并确定其功能，使每个子系统都为实现系统的目的发挥应有的作用。

2. 整体性

随着现代管理系统越来越复杂，局部与整体有着复杂的关系与交叉的效应，两者的利益并不总是保持一致。

因此，在管理系统中，必须从整体方面对各个组成要素之间的相互关系、管理系统与各要素之间的关系等进行组织和协调，使局部服从整体，追求整体的最优效果。

3. 层次性

层次性是系统的又一个重要特征，所有系统都有一定的结构，而结构又都有层次性。系统能否有效的运行，很大程度上取决于系统层次是否清楚。每一个层次都应有各自的功能、职责和权利，只有在子系统不协调或发生冲突时，才需要上一层次来解决。而且，为了使管理更加有序地进行，一般只有相邻的两个层次之间发生直接的联系，也就是说，上层只管下一层次，下层只对上一层次负责。

（二）系统原理的原则

1. 整分合原则

整分合原则是在管理活动中，管理必须在整体规划下明确分工，在分工基础上有效地综合，从而保证整体目标的实现。

在管理中，整分合原则的运用应做到以下几个方面。

（1）树立整体观点，扩大整体效应，实现整体目标。

（2）抓住分解这一关键。只有分解正确，才能合理分工。

（3）分工与协作相结合。在合理分工的基础上，必须进行强有力的组织管理，使各个环节同步协调。

2. 相对封闭原则

相对封闭原则就是指在任何一个系统内的管理手段一定要形成一个连续的并且能够封闭的回路，进而构成一个比较完整的管理系统，最终才能形成有效地管理手段和策略。

在管理活动过程中要从以下几个方面保持有效封闭。

（1）管理的组织机构要保持封闭。

一般情况下，一个完整的管理系统由决策中心、执行机构、监督机构和反馈机构等管理手段组成。

其中，决策中心是管理的起点，由此发出指令；执行机构负责准确无误地贯彻指令；监督机构的任务是根据指令去检查与监督执行机构的工作情况；反馈机构则是对输出情况及接受单位的反馈信息进行处理，通过比较效果与指令的差距，提出修正指令和可供选择的方案，反馈给决策中心，从而形成封闭的回路。

（2）管理中的人要保持封闭。

管理中人的封闭主要体现在上层管理下一层级，下层对上一层级负责，并形成回路。

（3）管理中法规、制度要保持封闭。

在管理中，要有一个尽可能全面的执行法，同时还要有监督法和反馈法，包括执行过程中产生的仲裁法，对执行发生错误的处理法，以及对执行结果的奖惩法等。

在管理系统内部，这些规章制度也必须要形成回路，如实行责任制，要以奖惩进行封闭，实行晋升制，则以考核进行封闭等。

四、协调发展原理

（一）协调发展原理的概念

可持续发展已成为当今社会发展的重要发展趋势，同时也是现代管理新的发展趋势，而坚持协调发展的原则是坚持可持续发展的关键，对于体育教育工作来说，就是普及与提高相结合，学校体育和竞技体育协调发展。

所谓协调发展，就是指方法适应于目的，让事情和活动都有合适的比例，处理好普及与提高的关系是体育教育工作协调中的关键问题。在体育教育管理工作中，一定要将协调发展原理应用其中。

（二）协调发展原理的原则

在体育教育管理中，要做到学校体育和竞技体育的协调发展，应遵循以下几个基本原则。

1. 坚持用辩证的观点看待学校体育和竞技体育之间的对立统一关系

虽然学校体育和竞技体育的社会目的、表现形式等方面都有很多不同之处，但两者既不是绝对的对立，如天平的两端此起彼落，也不是机械的拼合。学校体育与竞技体育是相互促进、相互渗透、相互依赖、相互支援、缺一不可的。

具体来讲，竞技体育对学校体育，起着兴趣引导、示范、技术指导等作用。通常情况下，如果我国的某项竞技体育项目在国际上取得优异成绩，学生参与这项活动的热情就会提高，从而掀起开展这项活动的学校体育热。

此外，一些优秀的教练员和运动员也会在学校进行授课，使学生掌握正确的方法，不断提高运动水平，改善身体健康状况，这就是技术指导。同样，学校体育对于经济体育的发展也会起到积极的作用，对于竞技体育来说，学校体育可以打好运动基础，发现运动人才，为竞技体育创造良好的发展环境，提供人力和物力支持等作用。

2. 坚持"两点论"和"重点论"

"两点论"是指学校体育和竞技体育两手都要抓，要体现协调发展的精神和原则，不能只抓一个放一个，也不能轮流抓，时紧时松。"重点论"是指体育工作整体以突出增强人民体质为重点，学校体育和竞技体育都要服从于这个大目标。

"两点论"和"重点论"是体育发展的协调观、整体观，也是体育教育管理中坚持协调发展的主要内容。通过协调发展，提高体育教育适合社会多种需要的综合能力，才能更好地为社会服务，最终达到体育教育为增强体质、促进人全面发展的大目标，形成良性循环。

第三节 体育教育管理的模式

一、行政方法

在体育教育管理中，行政方法主要有以下几个特点。

（一）权威性

权威是在整个体育教育管理中充分运用行政方法所起到的一种重要作用。在体育教育的管理中，管理者的权威性能够从根本上决定行政方法的实效性和准确性，在管理者所发出指令之后，上下级经过沟通协调，最终到达执行的步骤。

（二）强制性

行政方法是通过各种行政命令来对实施者或者是被管理的对象进行控制和指挥的，这些指令是上级组织行使权力的另一种标志，下级也必须对这些指令全面认真地贯彻执行。这在一定程度上就充分体现出了行政方法具有鲜明的强制性特征。这种强制性的特征并不是真正意义上的官僚主义的强制性命令，而是指"非执行不可"的意思。

（三）纵向性

纵向性，通常又被称为垂直性。行政方法是通过行政系统对体育教育系统进行管理的。一般情况下，他们所发出的行政指令会通过垂直传递的方式向下传达并执行。而且，下级只服从直属上司的命令，下一级只服从上一级的命令和指挥，对于一些横向传达过来的命令，同级别之间的人可以不予理会。

（四）针对性

所谓的针对性，我们又称之为具体性，他的表现就是从发布行政命令的对象一直到命令的内容都是比较具体的。他的行政方法在具体的实施方式和方法上都会根据其他因素的变化而随之产生变化，这些因素包括对象、目的、时间等。

二、法律方法

在体育教育管理中，法律方法的作用主要表现在以下几个方面。

（一）建立、健全、保持、维护正常的管理秩序

体育教育管理的目的，是提高体育教育管理系统的功效，实现管理目标。而人、财、物、信息等的合理流通是管理功效提高的关键。

（二）规定和调节各种管理关系

众所周知，体育教育所涉及的范围是比较广泛的，包括国家、集体、个人之间纵向和横向的各种错综复杂的利益关系。法规是体育教育管理中按照一定的规范对各种利益关系进行有效调节的依据，特别是在我们规定和调节不同行政管理系统以及管理层次之间的关系时，法律方法更具有特殊的制约作用，在一定程度上也能够有效地管理和消除一些不良现象的出现，比如互不买账、互相推诿等。

（三）促进体育教育发展

体育教育的良好发展离不开法律法规的保障作用。比如，在进行体育场馆及建筑、体育场馆的管理和使用方面，必须要有法律法规的保护伞。

三、经济方法

在社会主义市场经济中，经济方法可以有效地提高体育教育管理的效能，克服体育教育管理中过去那种单纯依靠行政管理的做法，调动和激发教师和学生的积极性、创造性和主动性，使体育教育这一特殊的社会劳动价值得到充分的尊重和体现，从而不断增强管理的活力。

具体来讲，经济方法的作用主要体现在以下几个方面。

（一）有利于提高经济效益

单就体育教育管理而言，提高经济效益就是要全面提高体育教育的投资效益，能够正确、科学、合理地运用经济的方法，最大限度地提高各个层次的体育教育投资的经济效益。

（二）有利于强化管理职能

所谓的强化管理职能主要表现在上级体育管理机构能够准确把握市场的命脉，通过强有力的经济手段来控制下级体育教育组织和被管理者的工作，通过有效的方法，将下一级的经济利益与必须承担的工作任务和本职工作连接起来，区别情况进行赏罚。

（三）有利于适当分权

经济方法的经济制约作用，为给基层单位以相应的经济自主权创造了条件。

（四）有利于客观地检查评价管理效果

运用经济方法进行体育教育管理的效果是通过具体的经济指标来体现的，所以经济方法具有客观性和可比性的特点。

四、宣传教育方法

与其他管理方法相比，宣传教育方法具有的特点，主要有以下几点。

（一）先行性

任何一种管理方法的实行，基本上都是由管理决策来制定的，在一定程度上要通过宣传和教育的方式来实现。通过宣传教育不仅能够对被管理者进行充分的了解，同时还要思考自身如何来配合行动；从另一个方面来讲，在管理者实施各项决策之前，通过一定的宣传和教育工作，对于一些事先能够预测到的人们可能产生的各种反应，来制定出相应的宣传教育措施，然后通过自身的手段进行有效地预防。

（二）灵活性

我们知道，人的思想是复杂多变的，引起人思想变化的因素是多种多样的，众多的思想因素相互交织在一起，相互之间发生作用。不同的时期和不同的管理对象，他们的思想基础、性格类型、价值观念以及需求也会存在很大程度的不同。所以，宣传教育工作一定要根据不同的时期以及不同的管理对象进行宣传教育的区分。

（三）疏导性

在进行体育教育管理工作的过程中，有效地开展教育工作是需要一定的手段和方法，在进行教育管理的同时，要动之以情、晓之以理。相反，你采用的是一种回避或者是捂堵的方式来对待思想上的一些差异化，不仅问题达不到解决，而且还会变的更加糟糕和恶化，我们只有因势利导，才能够真正达到教育的目的。

第六章 体育教学活动的管理

众所周知，学校体育教育活动是学校体育教育工作能够得以开展的重要途径之一，重点加强对学校体育活动的管理，在一定程度上能够有效地推动学校体育教育工作的顺利开展。

第一节 课外体育活动的管理

一、课外体育活动的概述

（一）课外体育活动的概念

所谓的课外体育活动具体来讲就是在课前、课间以及课后在学校之内进行的，并且以全体的学生为主要对象的一种体育活动，该体育活动主要是以健身操、健身活动为主要的内容，以班级为基本的组织单位，目的就是满足学生的身心健康，全面促进学生的身体、心理和社会适应能力的多方面发展。

从实践的角度来讲，参加课外体育活动能够全面有利于学生的生长发育，进一步增进学生的健康水平，全面提高学生的文化课学习效率，全面巩固学生的体育以及健康的知识、运动的技术和技能，全面提高学生的运动技术水平，最终促进学生的全面健康发展。

（二）体育课外活动的特点

1. 多向性

我们这里所讲的多向性主要是指在教学目的任务上的多向性。通过一定的课外体育活动，全面高效地完成学校体育的任务，真正能够达到学校体育的目的，是学校在培养社会有用人才的重要途径之一。

不同的学生参加课外活动的目的是有很大差异的，有些人是为了进一步增进健康、有一些是为了提高自身的技能水平，还有可能单纯是为了能够通过学校的体育考试，这些在一定程度上导致课外活动的目的任务具有高度多样性的特点。所以，学校一般会通过制定规章制度的方式，强制性地采取一些措施，使学生能够积极地参加到各种各样的体育活动中来，这种体育活动对于学生本身来说，也是他们身心得以健康发展的重要因素之一。

2. 灵活性

具体来讲，体育课外活动的灵活性就是学生进行体育活动的时候，在组织形式上的灵活性，体育课外活动的性质在一定程度上决定了其形式的灵活性。

学生之间在肯定会存在很多的差异性，比如年龄、性别、爱好和身体素质等各个方面的差异，我们要想所有体育活动都能够统一展开，在一定程度上来讲是不可行的，所以从这个角度来讲就决定了体育课外活动在形式上的灵活性。

3. 多样性

学校体育课外活动内容丰富，具有多样性的特点。体育课外活动的内容在依据学校统一计划安排外，还应充分考虑学生的兴趣爱好。课外活动内容的多样性，有利于提高学生参与体育活动的兴趣和积极性。

二、课外体育活动管理的内容

（一）早操、课间操的管理

对学生的课间操、早操的管理与组织应依照学校的实际情况而定。具体来说，主要包括以下几方面的管理工作。

1. 项目管理

在课间操、早操的项目内容的确定上，学校可运用统一安排和自选相结合的方法进行管理。

2. 器材管理

在课间操、早操的场地器材的安排上，学校可运用集体与分散相结合的方法进行管理。

3. 人员管理

从现实的情况来看，学校主要是运用学生干部、班主任以及体育教师相互配合的方法来进行管理，在对学生进行管理的时候，班主任和体育教师应该全面协调配合，全面注重发挥学生干部的重要作用；切实做好课间操和体操的宣传教育工作，认真帮助学生充分认识"两操"的重要性，并且能够使他们养成一种更加自觉的行为习惯。

4. 活动效果管理

为了全面提高课间操以及早操的活动效果，我们可以采用一些鼓励或者适当批评的方式来对其进行管理，比如考勤、抽查等。从另外一个方面来讲，我们也可以通过会操表演和运动会等方式来进一步提高学生课间操和早操的管理质量。

（二）个人体育活动的管理

所谓的个人体育活动就是指学生个体，根据自己的兴趣爱好以及需要，按照体育锻炼的方法要求，更加自觉和自愿地去选择一些相应的体育活动项目，在课外单独进行的体育锻炼活动。

众所周知，个人体育活动是一项非常重要的体育实践活动，是学生体育意识觉醒的重要表现，是学生体育兴趣形成和发展、体育锻炼行为养成的重要途径，个人体育活动的重要性可想而知，对学校体育活动的目标达成具有非常重要的意义。

对于体育教师来讲，针对个人体育活动，教师一定要尽可能地去全面配合学生的个人体育活动，通过指导、咨询和协调等形式介入到个人体育的活动中去，全面鼓励和启发学生根据自身的实际情况，来制定出一些符合个人身体素质发展的可行性计划。

（三）班级体育活动的管理

从目前的状况来看，学校班级体育活动是以班级为单位，重点分成若干个小组来进行的，这些小组在班干部以及小组长的带领下来开展一些具体的体育训练活动，并且在进行活动的过程中，班主任和体育教师应该对学生进行一些合理的指导和管理，尽量保证班级在进行体育训练过程中取得良好的效果。

一般来讲，学校会对班级的课外体育活动时间提出一些实质性的要求，比如对于学生的锻炼时间、内容以及组织、生理负荷等，所以，在我们进行班级体育训练的管理工作时，一般可以将训练和体育课的教学内容进行全面地结合，以"标准"为主要的中心进行具体项目的选择，同时也可以将体育活动和学校传统的项目与学生的兴趣进行有效地融合，并且要求这些项目一定是简单易行的非正规项目，最终的目的就是全面提高学生的体育活动兴趣。

（四）年级体育活动的管理

年级课外体育活动计划一般来讲要适合规模大、学生较多的学校，活动通常是由特定的体育教研室或者教研组和全权负责的，而该活动的成功执行要依靠体育教师和年级主任的全面配合。

针对学校年级课外体育活动的管理，在一定程度上要充分考虑学校课外体育活动的计划以及本年级学生的身心发展、体育基础和运动水平等特点，最终保证年级课外体育活动的组织和实施切实适合本年级学生特点的自身需求，全面保证学生课外体育活动的实施具有高度的科学性。

（五）校园体育活动的管理

校园体育活动主要包括校园"体育周"和校园"体育日"（健康日）两种形式。具体如下。

1. 校园"体育周"

学校要学会集中利用一周的时间，对学生进行课余体育训练，或者组织各种宣传教育、锻炼、运动会等活动。在活动期间，学校要根据具体的情况，成立临时性的指挥机构对学生进行组织和管理，在整个管理过程中，一定要尽量得到各个单位部门的支持，并且要切实做好准备和预防工作。当体育周结束之后，学校的有关部门还要做好工作经验的总结和后续工作的处理。

2. 校园"体育日"

学校的"体育日"一般会占用学生一天或者是半天的时间，通常情况下在选择校园"体育日"的时候要与国际上或者国内重大体育活动想结合。体育日期间学校可以组织学生进行专题性的体育活动主题，进一步开展体育教育和锻炼。在管理的过程中，不仅可以组织全校性的体育活动，也可以根据年级、班级来灵活地组织各种体育活动。

三、课外体育活动的管理实施

（一）制订课外体育活动计划

体育课外活动工作计划对课外活动的顺利实施起着十分重要的作用。根据课外活动的内容，课外体育活动计划主要包括以下几个方面。

1. 全校性活动计划

全校性活动计划的制订需要做好以下两个方面的工作：

在制订计划之前，一定要先由体育教研室或者体育教研组总结过去学年或者是学期的一些教学经验，广泛听取各方面的意见之后，并在这个基础之上制订出完整的计划方案，然后报由学校的主管领导批准执行。

另一方面来讲，在制订计划的过程中，尽量要以学年或者是学期为主要单位，计划的主要内容包括：体育课外活动的指导思想和目标，早操、课间操大课间活动的内容以及组织措施等，年级活动、班级活动以及体育俱乐部的宏观安排，体育素质的测试安排，学生体育干部的培训提高，宣传教育、检查评比等工作。

2. 年级活动计划

年级活动计划的制订在一定程度上需要切实依据学校体育课外活动计划以及该年级学生身心发展的特点、体育基础以及运动水平等。全面合理地安排一些适合本年级学生特点的体育课外活动，然后在学校教研组和年级主任、班主任的功用协助下，来高效地完成计划。

3. 班级活动计划

在班主任和体育教师的指导下，由班级体育委员在征求全班同学的意见之后来客观地制订活动计划，其中计划的内容应该主要包括班级课外体育活动的重要目标、活动形式、活动内容、活动小组的划分、活动检查评比方法等。

4. 俱乐部活动计划

俱乐部的活动计划一般是由专人来负责的，该负责人应当根据学校体育工作的具体规划来执行，由于体育俱乐部承担着多种任务，那么它的计划就会相对复杂一些，需要管理者做到统筹兼顾。

5. 小团体活动计划和个人活动计划

小团体活动的自由度相对来说会比较大，不容易进行一个相对规范的管理，所以单就计划性而言肯定会稍显逊色，因此，在制订活动计划的时候会比较困难，尤其是针对一些比较不稳定的团体组织的时候，更加不可能制订出比较详细的可靠计划。

（二）建立管理活动工作规范

根据学校体育课外活动计划的制订，由主管校长召集相关的部门来进一步制定实施学校体育课外活动的相关制度，并且将这些制度准确地纳入到学校作息时间内规范管理，尽量保证各项制度能够有效地实施操作。与此同时，还应该建立与各项制度相配套的工作规范。

第二节　体育训练与竞赛的管理

课余体育训练与竞赛是学校体育教育教学管理的重要组成部分，是学校培养高素质体育运动人才的重要途径之一。重视对课余体育训练与竞赛的管理能有效提高学生运动技术水平，培养群众体育活动骨干，推动学校体育发展。

一、课余体育训练的管理

（一）课余体育训练概述

1. 课余体育训练的目标

（1）通过对具有运动特长的学生的训练，来提高学生对体育的认识，使其掌握一些专项与非专项技、战术和知识，加强身体、技术、战术方面的全面训练，促进身体的正常发育，提高各系统器官的功能，发展体能。

（2）培养学生良好的体育道德作风和顽强的意志品质，为进一步的专项运动训练打下身体、心理、技术、战术和思想品质的良好基础。

（3）为提高运动技术水平输送优秀体育后备人才和群众性体育骨干服务。

2. 课余体育训练的特点

（1）以提高学生运动成绩为主要目标。这是一般训练的特点，也是课余体育训练的特点之一，指进行课余体育训练要使学生运动员在各类比赛中发挥最佳运动水平，创造优异成绩。

（2）训练的负荷量较大。在学校体育课余训练中，为了达到预定的训练效果，往往会增加训练负荷量。但这种大负荷量是要从学生的实际情况出发，符合学生运动员机体和心理适应能力的。

（3）训练内容手段多样。课余体育训练项目较多，因此，训练内容应该具有多样性的特点，能有效发展学生多方面的身体素质。参加训练的学生具体情况不同，为了使每个训练者获得理想的训练效果，必须根据实际情况采用多样化的训练手段。

（4）课余体育训练具有业余性。学生的主要任务是学习，对非体育专业的学生来说，学习文化知识是在校的主要任务，而运动训练只是辅助。学生体育训练的主要时间是在课余，即每天下午文化课学习后以及每年的寒暑假和其他节假日等。在寒暑假及临时集训时，可以以体育训练为主，采用全天训练或半天训练、半天学习文化课的方式。

（5）课余体育训练具有基础性。学生是课余体育训练的对象，他们处于生长发育的重要时期，在年龄特征、课余训练以及运动训练方面有着一定的规律。根据这些规律，课余体育训练中应该将抓好学生体素质和基本技术的训练作为重点。

（6）课余体育训练具有广泛性。学校课余体育训练对象虽然限于学生，但是对学生却没有条件的限制，只要愿意参加的学生，都能加入训练队伍，因此，课余体育训练具有广泛的学生基础。

（二）课余体育训练的组织

1. 学校运动队

学校运动队代表本校参加各种级别的比赛，提高运动水平。而在训练队的学生与本校其他学生又是紧密联系的，这使得学校运动队在普及体育运动知识和技术，促进学校课外体育活动开展等方面也能够起到积极作用。学校运动队特别注重选材，主要挑选学习努力、身体健康，并且有一定运动专长或具有培养条件的学生。

2. 体育传统项目学校

体育传统项目学校以小学和初中为主，以城镇为主，以田径和本地区重点项目为主。国家教育和体育主管部门会对体育传统项目学校分级分批申报，批准命名，并颁发证书。为促进竞争、提高效益，获批的有效期为三年。

3. 基层训练点

基层训练点主要是为了方便教学、训练工作的统一安排和管理，通常会把这些参加训练的学生编制成一个班。

目前，基层训练点主要是以学校群众性体育活动广泛开展为基础的，以一个或两个运动项目为重点的训练基地。基层训练的形式是多样的，有的基层训练点由教育与体育行政部门根据学生课余体育训练的需要规划布局；有的则是以一所重点中学为基地，吸收附近学校有特长的学生参加某项运动训练。

4. 体育俱乐部

体育俱乐部是新型的学校课余体育训练形式，在一定程度上来讲，体育俱乐部也是体育社会化和体育教学的充分融合，在这个过程中有一定的经济实体作为依托，训练的条件也会有充分的保证。

一些体育俱乐部由体育和教育行政部门出面组织，由企业进行赞助。体育俱乐部中，先要对被选送的优秀的体育苗子进行系统地培训，然后冠以企业的名称让他们参加比赛。

（三）课余体育训练的管理实施

课余体育训练的管理实施涉及运动队组建、训练内容的确定、训练方法的运用、训练效果的评价以及训练计划的制订等，下面进行详细分析。

1. 组建运动队

（1）确定训练项目。

学校课余体育训练运动队组建，首先要确定训练项目，不然后续工作无法开展。从实际情况出发是确定训练项目要考虑的最重要的问题。一般地，先集中精力从一两个项目开始训练，这是刚开始建立运动队的学校需做的工作。而对运动队进行扩充和提高，则要以提高水平为基础，以实际情况作为根据。

（2）选拔运动员。

对于运动员的选拔，我们可以按照竞技体育运动员的选拔标准来进行，并且按照运动项目的特点和要求来全面实施，要对部分学生进行各种能力与相关因素的测试，同时还要进行较长时间的考察。

（3）选择指导教师。

合适的指导教师能提高运动队的训练效率，有助于实现训练的目标。指导教师可以由本校的体育教师担任指导教师或教练员，其他有体育专长的老师也在选择之列。

2. 安排训练内容

（1）身体训练。

所谓的身体训练在一定程度上来讲它是学校课余体育训练的重要基础，一般来讲，身体训练主要包括一般身体训练和专项身体训练两种。一般身体训练的主要目的就是全面提高各个器官的功能，进一步发展身体的素质，全面改善身体的形态和姿势，从而为专项身体训练全面打好基础，一般身体素质训练是课余体育训练所重点侧重的，身体的训练可以分为力量素质训练、速度素质训练、耐力素质训练、灵敏素质训练、柔韧素质训练等。

（2）技术训练。

所谓的技术训练就是学生能够充分发挥自身身体能力的条件，同时也是发挥战术作用的基础。在学校体育的训练中，技术训练主要包括基本技术的训练和高难度技术的训练两种形式，在基本技术的训练中，为了更好地掌握更加高难度的技术训练，基本技术训练是一定要掌握清晰的，所以在进行基础技术训练的时候，一定不能忽视其作用。比较高难的技术在整个专项运动中是比较难以掌握的，所以，在进行技术训练的过程中我们一定要学会循序渐进。

（3）战术训练。

战术训练与技术训练一样，都可以人为地将其分为一般战术和专项战术训练。在学校课余体育训练中，战术训练通常会以一般战术训练为主，从另外一个角度来讲，在进行战术训练的时候一定要非常重视战术意识的培养。

（4）心理训练。

在进行学校课余体育的训练中，将要对学生进行心理训练时，一定要考虑学生的年龄、性别以及训练水平上面的差异性，使学生的心理调控能力得到进一步的培养，全面提高学生对于各种复杂比赛环境的适应性，为获得优异的成绩奠定良好的基础。

3. 执行训练方法

在学校体育训练的过程中，训练的方法是否真正的适合当今学生的发展状况，这对训练的效果会起到决定性的作用。采用全面正确的训练方法是获得理想训练效果的重要保证之一。我们常见的训练方法主要有重复训练法、循环训练法以及变换训练法等。要想合理地运用这些训练方法，一定要全面明确训练的目的和任务，及时纠正学生的错误动作。每种训练的方法都会有自身的特点和作用，所以在我们真正运用这些训练方法的时候，一定要全面从实际出发，真正做到灵活性和创新性。

4. 评价训练效果

对学生的训练状况进行实时的评价是课余体育训练管理的重要工作之一，对训练进行评价在一定程度上有利于全面客观地了解训练的成绩和效果，更加有利于全面总结经验和监控整个训练的过程，全面保证课余体育训练的科学性。

二、课余体育竞赛的管理

（一）课余体育竞赛概述

1. 课余体育竞赛的目标

（1）增强学生体质和提高运动技术水平，培养学生的竞争意识和顽强拼搏的精神，可以培养学生之间的团队配合意识，提高学生的社会适应能力。

（2）及时检查和了解学校群众工作开展的情况进行，加强教师和学生之间的交流。

（3）推动学校群众性体育运动广泛开展。

2. 课余体育竞赛的特点

（1）课余体育竞赛的课余性特点。学生以学业为主，只有在完成学习任务的基础上才能进行课余体育竞赛。

（2）课余体育竞赛的群众性特点。与其他运动竞赛不同，课余体育竞赛应该是为了锻炼学生的身体，应该是面向全体学生的，课余体育竞赛运动项目设置、规则制定都要从全体学生出发。

（3）课余体育竞赛的教育性特点。通过比赛，可以使学生的团队精神和拼搏精神得到培养，在比赛中，学生也养成了遵守纪律的好习惯，有利于良好品行的培养。

（4）课余体育竞赛的多样性特点。多样性既是课余体育竞赛的特点，也是对课余体育竞赛的要求。课余体育竞赛的运动项目较多，组织形式、场地、器材和方法复杂，这都体现了其多样性的特点。课余体育竞赛要想吸引、鼓励更多的学生参与进来，必须做到多样性，既包括内容的多样性（传统项目、重点项目），又包括组织方面的多样性（参加办法、记分方法）。

（二）课余体育竞赛的组织

1. 课余体育竞赛的形式

（1）校际间交流竞赛。

多为单项交流赛，能够为了加强学校之间的交流，也能够对学校起到宣传作用，提高学校的知名度。

（2）学校运动会。

一般由多个运动项目组成，并在同一时段进行，是学校规模最大的竞赛活动。学校田径运动会，或篮球、排球、足球及田径等多个运动项目的综合运动会是目前最常见的形式。

（3）体育节。

将体育竞赛、体育表演、体育文化知识讲座、体育知识竞赛等有机融合的活动，能够丰富学生课余生活，提高学生学习体育、参与体育的兴趣。

2. 课余运动竞赛的组织

课余体育竞赛一般是在主管体育工作的校长直接领导下，由各有关部门和人员参加，组成相应的机构，共同负责组织和领导体育竞赛工作。

（1）竞赛组织委员会。

通常由党，政、工、团、体育教研组（室）、总务处、学生会、医务人员等组成，全面负责竞赛工作，制订计划，审批相关文件。秘书组、宣传组、竞赛组和后勤组是常可设立的办事机构。其中，秘书组负责召开组委会，执行组委会决议，检查督促竞赛工作的进行，制订比赛工作日程计划，协助有关部门工作，主持大会期间日常工作等。宣传组是负责思想教育和宣传报导工作。竞赛组负责比赛中的安排及裁判成绩工作。后勤组主要负责编制经费预算，提供比赛场地器材和设备及医务服务。

（2）体育教研组（室）。

负责各种球类比赛、操类比赛等，并会同班主任或年级主任统一安排，具体由体育教师分头组织进行。

（3）团、队、学生会。

负责举办一些简单易行的群众性的比赛活动，如跳绳、拔河、踢毽子、登山、越野跑、接力跑等。

（4）班内组织。

在班主任和班级体育委员的组织安排下进行小型多样的比赛。

（三）课余体育竞赛的管理实施

1. 制定竞赛计划

（1）年度体育竞赛日程计划。

年度体育竞赛日程计划制订时，要考虑其群众性、可行性、常规性和简便性。即考虑不同层次学生的需求，遵循小型多样、学生喜爱、组织简便的原则；考虑学校教育计划、季节特点、节假日等因素，合理安排运动竞赛时间和次数；校运会、学校体育传统项目等重点比赛应安排在比较固定的时间进行；以日期先后为准对各赛事的顺序进行排列，以方便及时督促与检查。

（2）课余体育竞赛规程。

竞赛规程是一种法规性文件，它是在学校年度体育竞赛日程计划的基础上形成的，对某一项比赛的开展进行指导，课余体育竞赛工作要以其为重要依据。

2. 确定竞赛方法

课余体育竞赛常用竞赛方法主要有以下四种。

（1）淘汰法。

淘汰法的优点是完成比赛任务，确定优胜者的时间较短；缺点在于除第一名外，竞赛的真实水平难以通过其余名次得到反映，选手之间缺少相互学习的机会。对策是可用补赛法、种子法等来弥补淘汰法的不足。

（2）循环法。

循环法是指参赛者在竞赛中都按照一定的次序相互轮流进行一次比赛，最后对全部比赛的胜负进行综合来决定名次的竞赛方法。常在一些集体项目的球类比赛和其他对抗性项目的比赛中应用。循环法包括以下三种形式。

1）单循环。单循环是指所有参加比赛的队之间均要轮流相遇一次，名次的决定以最后各队胜负场次的积分为根据。单循环的比赛形式能客观地反映竞赛的真实水平。

2）双循环。双循环是指参赛运动队先后进行两次单循环的比赛方法。参赛队在比赛中均能相遇两次，名次按照最后各队在全部比赛中胜负场数的积分多少来排列，能使各队充分发挥水平，但赛期较长，耗时较多。

3）分组循环。分组循环是指首先把所有参赛队进行分组，然后在组内以单循环的形式进行比赛，将各小组的名次排出。然后根据名次进行重新分组。分组循环可以节省比赛的场次和比赛的日期，又能客观反映各队的名次，因此经常被采用。

（3）顺序法。

所谓的顺序法就是按照一定的顺序来具体表现升级，这种比赛的方法称之为顺序法。采用顺序发进行比赛的运动项目，它的运动成绩一般是以客观的标准来进行的，比如时间、距离、重量和环数等，顺序法主要包括以下两种形式：

1）分组顺序法。分组顺序法是把参赛者分成若干组，比赛时要按组序分别进行，最后决定名次时，可以根据组数多少采用预赛、复赛、决赛结果进行，也可以通过一次比赛（决赛）来进行。

2）不分组顺序法。不分组顺序法通常在田径比赛中的跳高和跳远比赛等项目中采用，它要求在同一比赛时间内不能同时有两人以上（含两人）进行比赛。

（4）轮换法。

所谓的轮换法就是让参赛者能够在同一比赛的时间段之内，充分按照一定的顺序来进行比赛，但是这里所指的顺序是早已规定好的轮换顺序，在进行比赛的时候，参赛者也要按照一定的次序进行不同项目的比赛，最后再综合确定各个项目的比赛名次。竞技体操和一些综合性项目通常采用轮换法，其优点是能够节省比赛时间。

除了上述的几种比赛方法，还可以根据具体情况来确定学校课余体育竞赛方法，如一些非正规的、由竞赛的组织者和参加者共同约定的比赛方法。

3. 评定成绩与名次

重视对体育竞赛的成绩和名次的评定具有重要意义，竞赛的成绩和名次是对学生学习和自我训练效果和质量的反映，正确地评定学生在课余体育竞赛中的成绩和名次进行，有利于学生准确认识自己，使学生的运动技术水平得到提高，同时促进学校群众性体育活动的开展。

在评定竞赛成绩与名次时，要根据实际情况，选用正确合理的方法，并在遵守竞赛规程和规则的规定的前提下进行，力求做到客观准确。

第三节 体育教学的管理

一、体育课堂教学管理的目的

（一）体育课堂教学目的内涵

就我国学校体育教学的开展现状和教学发展方向来说，当前，学校体育课堂教学的目的主要包括以下几个方面的内容。

（1）向学生传授体育文化、体育理论知识和体育运动技术技能。

（2）培养学生对体育活动的兴趣和竞争意识。

（3）提高学生的健康素质和活动能力，

（4）帮助学生树立终身体育的思想，为社会造就全面素质的人才，便是学校体育课堂教学的目的。

（二）体育教学管理目的要求

要想实现体育教学目标，完成体育课堂教学管理，可以从以下几个方面着手。

1. 树立正确的教学思想

正确的教学思想就是能够全面符合社会以及体育发展的规律，全面符合体育认识的规律，对体育教学具有一定指导意义的教学思想，它是教师体育教学能够得以顺利开展的首要条件。

现阶段，随着社会发展、生活方式的改变，体育渐渐变为娱乐和消遣活动，而且人们终身锻炼的需要日渐强烈，其终将成为人们的基本需要。因而运用科学的方法以多种手段进行锻炼，是学生有效地增强体质的必然需要。

2. 强化体育的多功能目标

现代体育教学的重要发展趋势之一就是在一定程度上强化体育的功能目标，这也是体育教学科学化管理过程中需要重点明确的一个教学的方向。

第一，我们要将体育教学全面依托在教材的指导下进行，所以，在选择学校体育教材的内容时，不仅要全面考虑教材的生物价值，而且还要重点考虑教材的教育性功能，切实有效地将学校教材的科学性和实效性完美地结合起来。

第二，教师一定要将身体锻炼的知识、运动技能以及健康水平的评价、运动技术的原理等有效地全面贯穿于整个教学的过程中，使他们能够在一定程度上发生"化学反应"，有机地结合，真正能够适应体育教育健康相结合的发展趋势。

第三，体育教师要突破传统模式的束缚，善于用多种方法发挥学生的主体作用。教师要将"快乐式"与"磨难式"结合起来。最后，体育教师在上课期间要注意传授知识，使学生掌握技能，从而培养学生的健身意识，介绍自我锻炼的方法；课后要注意引导学生自主或有组织地进行锻炼，保证健身意识、锻炼手段和方法等分类目标的实现。

3. 建立科学的体育教学评价体系

科学性的教学评价在一定程度上更加能够对体育教学活动进行指导，科学的体育教学评价不仅要能够客观地评价体育教学的结果，并且还要站在整体的角度上，全面把握整个教学的过程。体育教育评价在一定程度上能够切实反映学生在学习的过程，真正纠正单用体能来反映体质的状况，以技能反映教学效果的以偏概全的评价方法，并且要能够切实制定出能够全面有效地将体育教学的结构评价和过程评价有机结合起来、着眼于明天、侧重于发展、有利于改进的评价体系，促进体育教学目的的实现。

二、体育课堂教学管理的原则

（一）主体性原则

在教学活动中，学生是学校体育课堂教学中的主体，教师在整个教学过程中是主导者的地位，所以，教师应该有意识地根据学生的主体需要和特点来合理地安排教学活动。在体育的教学中，教师应该积极引导学生来参加各种教学活动中去，充分发挥学生的积极主动性、自主性和创造性，进一步促进良好的教学效果得到全面的实现。

具体来说，在以学生为主体的现代体育教学中，课堂教学应包括三方面的内涵：

（1）要从师生地位的角度来理解，学生是体育课堂教学的主体，在这个过程中教师虽然起到一定的主导作用，但是"教"应该为学生的"学"而服务。

（2）教师的教学活动应当充分围绕学生来进一步展开，也就是说在课堂中，学生的活动要占据大部分的时间。

（3）在课堂教学中，教师应该采用启发式、发现式教学方式，以激发学生的主动性与创造性。

根据学生为体育教学的主体这一教学原则，教师在体育教学中应注意以下几个方面。

（1）树立学生主体观和以学生为宗旨的教育观，以引导为主，确立为学生的"学"而教的理念，更好地为学生服务。

（2）重视教学设计与准备，使学生积极参与教学活动，在教学过程中做到学、练、问三者的结合，学习与创新相结合。

（3）引导学生学会学习，学会自我解决问题的方法。

（4）充分考虑学生的个体差异，对不同的学生教学方法应该有所不同，做到因材施教。

（二）全面发展原则

体育课堂教学的全面发展原则是指通过课堂教学使学生的身心都得到全面的发展。在教学实践中教师应注意做到以下几点。

1. 体育教学设计方面

不仅要考虑让学生掌握好运动技术，还要培养学生心理品质和社会适应能力。比如可以通过设计不同起跑点培养自信心，通过团队合作来培养学生与他人很好地相处的能力等。

2. 体育教学内容方面

教师要重视挖掘运动项目的给学生带来的心理、社会价值。如长跑既可作为提高学生心肺功能的项目，又可以作为锻炼学生意志的手段。

3. 体育教学评价方面

教师和学生应从身心发展的多维度去评价教与学的质量，不能单一地从体育运动技能去考评学生成绩。

（三）兴趣先导原则

兴趣是学生学习的最根本的动力。教师在体育课堂教学过程中要善于培养学生学习体育的兴趣，能够让学生在一种相对愉快的环境中来学习，学生能够在兴趣活动中得到技能的进一步强化，并且最终养成一种热爱体育活动的良好习惯。这就是兴趣先导的原则。

在体育课堂教学中坚持兴趣先导原则要求体育教师做好以下几个方面的工作。

（1）因材施教，学会根据学生的不同兴趣来进行多样化的教学。

（2）精心设计和组织课堂的教学过程，善于激发学生的兴趣，引导学生向着健康积极的方向去进一步开展，在整个教学过程中要善于捕捉教学的时机，积极引导学生向着更加明朗的方向去执行，强化学生的学习兴趣。

（3）教师要全面确立体育技能是体育兴趣的基础，注意引导学生的兴趣向着更高层次发展。

需要注意的是，在体育教学实践中，教师应将兴趣先导和兴趣迁就不同，二者应分开。兴趣先导需要根据学生不同阶段、水平的兴趣特点进行教学设计，目的在于培养学生的体育兴趣与运动技能，形成更高层次的兴趣。而兴趣迁就则不然，体育教学只为满足学生兴趣而开展。

学生的兴趣多不稳定，这种兴趣只停留于低级阶段，一定时间之后，这种兴趣将逐渐消失。体育教学迁就学生兴趣而开展，就难以完成教学目标。

（四）因材施教原则

受多种因素的影响，学生之间存在着个体差异，这就要求教师在组织教学时既要面向全体学生，统一要求；又要根据学生身体素质、基础条件等差异区别对待，做到因材施教。

换句话说，也就是在体育教学中，教师要根据实际情况，因人、因地实施教学。《体育与健康课程标准》中便提出了关注学生个体差异的理念，表明了区别对待、因材施教原则在体育教学中的重要地位。对此，教师在体育教学课中应做到以下几点。

（1）体育教师必须深入了解学生的情况和个体特点，一定要通过实地调查研究充分真实地去了解学生对于体育的认识，并且根据学生的兴趣爱好以及身体健康状况、体育活动的基础等多方面的综合情况，进一步寻找出学生与学生之间的差异，全面贯彻和落实因材施教的政策方针。

（2）教师要重视全体学生的普遍提高上。在制订教学计划，确定教学目标和要求时，应确保其切合学生实际。一方面，对身体条件好而有体育特长的学生，要创造条件，提出相对较高的要求；另一方面，对体质弱，基础差的学生，应降低要求，力争使他们在原有基础上逐步、有序提高。

（五）循序渐进原则

体育课堂教学的循序渐进原则是由体育教学的客观规律所决定的，循序渐进是巩固提高的基础。

这种原则实际上就是要求了体育教师在进行教学的过程中，一定要根据学生的年龄和性别特征，在体育教学内容以及教学方法、负荷安排等方面，必须遵循系统性和连贯性的要求，最终使得学生能够按照既定的规律发展，在充分掌握好知识、技术的基础上得到进一步的提高和发展。

具体来说，教师在组织教学时应注意以下几点。

（1）体育教师要提高自身素质，特别是运动心理和运动生理等素质，这时非常重要的。教师有了良好的素质，才能深刻地去了解学生身心发展的一般规律和特点。

（2）体育教师在选择和安排教学内容时，既要考虑该运动项目技能形成的顺序，由易到难、由简到繁地设计；又要考虑项目在之间的关系，使前一个项目的学习要有利于后一个项目的学习，以此逐步推进教学活动的有序进行。

（3）在体育课堂教学过程中，针对学生难以掌握的技能，教师教学安排的时间应该相对多一些，待初步形成动作的动力定型后再进行下一步的教学。

（4）体育教师要有节奏地逐步提高学生生理负荷，将运动负荷控制好。在体育课堂教学过程中，安排学生生理负荷一般要采取波浪式地、有节奏地逐步提高，待学生的身体完全适应某一运动负荷后再逐步提高。就体育教学的某一个阶段或时期来说，教师进行体育教学，应有节奏地交替安排负荷不同的体育课。

三、体育课堂教学管理的内容

（一）备课管理

备课管理是体育课堂管理的重要内容，体育教师进行教学，必须要备课。因而，管理者要对教师备课提出具体要求，如教案规范、详略程度等。另外，学校相关方面的管理者要定期或不定期对体育教师的教案进行评比，或者可以组织一定的集体备课来提高教师的备课规范性。

体育教师备课应尽量做到精炼、准确、真实、详尽，具体来说，应根据教学大纲的要求和学校的有关规定来进行。体育教师应根据学生的实际情况，如体育基础、体育骨干、伤病情况等备课，同时要考虑到场地、器材的实际情况等，并如实详细记录，要求备课文字精练、准确。

（二）上课管理

作为体育课堂管理的重要组成部分，上课管理包括两个方面的内容，具体如下。

首先，学校的体育管理者会通过看课、听课、公开课、观摩课等方法和途径对体育教师的体育课进行检查和督导。在检查和监督过程中帮助教师发现并解决教学课中出现的一些问题，创造良好的教学环境，为体育课提供必要的条件。

其次，体育教师既是体育课上教学者，又是管理者，因而教师决定体育课的管理质量。

（三）课后管理

在教学课结束后，体育教师应做好本次课的总结工作（体育实践课中帮助学生做好整理活动），按时下课，组织学生收回器材、整理场地。在整理体育器材的过程中，应分门别类放置器材，例如，金属的和非金属的分开放；常用的和不常用的分开放；大型器材和小型器材分开放；篮球、排球、足球、铅球等要上架；服装、小件器材要入柜；羽毛球拍、网球拍等要悬挂整齐；所有在教学过程中使用过的体育器材都要当面检验，做到如数、完整、完好。

（四）意外伤害事故管理

由于体育教学的特殊性，在体育教学中难免会遇到意外事故的发生，因此，做好学生的意外伤害事故管理很有必要，具体如下。

1. 学校方面应做好的工作

（1）学校要根据国家和省、市有关规定，确保教育教学和生活的设施、设备符合安全标准。

（2）学校要监督教师履行职责，根据实际情况采取必要措施，预防和消除可能在课堂或者活动期间造成学生人身伤害的危险。

（3）学校应当按照学生的不同年龄层以及心理、生理、教育特点，因材施教，建立健全每一项管理工作制度和保护好学生的具体措施。

（4）学校一定要从根源上加强各项安全保证措施，活动场所和设施应应该完全符合安全标准。

2. 教师方面应做好的工作

首先，针对轻伤者，可送医务室治疗，重伤者或者生命危险者应立即转送医院抢救；接着及时通报。另外，当发生重大的意外事故时，我们应该马上通知家长或者是学校领导以及当地派出所，并且在第一时间内报告学生发生意外的时间、地点、原因等，然后尽量全面地去填写一份有关意外伤害事故的报告（报告内容应实事求是，必要时需要提供人证和物证）。

四、体育课堂教学的管理实施

（一）体育课的准备

做好课前准备有助于体育课堂教学活动及其管理的顺利进行，是保证体育课堂教学质量的重要途径和方法。教师在备课时，要做好以下工作。

1. 钻研教材

教材是体育教师上课的主要依据。因此，体育教师要善于钻研教材。

首先，体育教师应该在课前深入研究教学大纲，并且根据本学科的教学目标以及各个单元来领会教学的基本要求，准确地把握好教材的体系与深度。

其次，体育教师应该充分研究多想教材的重点和难点，并且在这些重点和难点中掌握前后之间的练习，并且做好总结工作。

2. 了解学生

为了更好地完成体育教学工作，我们一定要尽力促进学生的全面发展，教师在进行教学的过程中就要从实际情况出发，制定出适合当前学生全面发展的可行计划。所以，体育教师一定要全面了解学生的学习基础、身体健康的状况以及运动能力的水平等，为全面掌握学生的情况奠定良好的基础。

3. 组织教法

教学方法是体育教师顺利完成课堂教学任务的重要途径之一，在体育课堂教学的过程中，体育教师一定要充分根据教材的性质以及教学任务的要求、学生自身的具体情况、场地器材的设置等各种因素，设计出一套相对合理的体育课堂教学方法，从根本上确定出体育教学活动的类型和结构。

4. 编写教案

教案即为课时计划，是对师生课堂上预期的教学活动的设计和描述，是教师进行课堂教学的直接依据，也是对每一堂课具体深入的教学准备。体育教师的备课最终会以教案的形式体现，因而教师要在钻研教学内容和了解教学对象后，通过设计组织教学编写教案。

完整规范的学校体育教学课教案主要包括这几方面的内容：教学目标、教学内容、教学方法、本节课教学重点、运动负荷以及场地器材等，必要时应包括课后记录等内容。

5. 准备场地、器材

体育实践课程教学需要场地和器材来辅助完成教学，这是上好体育课的物质保证，在上课前，教师要自己或组织学生帮忙准备好场地、器材。另外，教师还要认真地规划场地的规划和布置器材。

（二）体育课的实施

学校体育课堂教学以集中学生教学为主要方式，每一堂教学课的开展，很多学生都是在体育教师的组织安排下进行传授和学习，因而对教学课的组织管理有一定的要求。为保障课堂质量，教学课的组织与实施应做到以下几点。

1. 教学目的明确

学校体育教学目的既是课堂教学的出发点，也是教学活动的最终归宿，因而目的必须明确。不但体育教师要明确教学的目，而且学生也要对教学目的有一定的了解，以便使教学活动能在教学目的的指导下顺利展开。

2. 教学内容正确

相对正确的教学内容是保证教学任务能够圆满完成的重要保证，正确的教学内容需要具备的两大要素就是能够体现出科学性和思想上的同一性。

3. 教学方法恰当

体育教学应遵循学生认知和身心发展的基本规律。一般来说，教师的课堂教学要以启发式教学为主，教学方式应该具有灵活性，可以充分调动学生学习的积极性，将传授知识与发展智力、教书与育人、统一要求与因材施教结合起来。

4. 教学组织严密

一方面，教与学要密切配合。另一方面，教学活动要结构紧凑，科学地分配时间，以提高教学效率。

第七章　体育教学主体及资源的管理

体育教学归根到底是人的社会性活动，是教与学两方面的活动，因此，其教学主体既包括教师也包括学生。对体育教学主体的研究就是对教师和学生的研究。

教学实践表明，体育教学质量的好坏与教师和学生两方面都有着密切的关系。体育教育资源是顺利开展体育教育活动的重要保障。

我国是一个体育资源相对匮乏的国家，为了能够使有限的体育资源发挥出最大的效益，就需要对其进行科学地管理和使用。

第一节　学生的管理

学生是教师传授知识的对象，他们也是体育教学活动的主体，对于学生的管理也是教学管理的重要内容。

对于学生的管理就是要充分调动学生学习的积极性和主动性，全面增强其体质和健康水平，充分发挥学生的主体作用。

一、学生体质健康管理

体育教学的根本任务是传授学生体育知识、技术和技能，增强学生的体质，促进学生的全面发展，使学生成为德、智、体全面发展的新型人才。学生参与体育活动的积极性是体现教学效果的重要条件，由于传统的体育教学手段单一，学生的积极性和主动性受到很多的限制。

体育教育工作的成果集中体现在学生体质的增强方面。加强学生体质与健康的管理对改进体育教学工作具有重要的意义。

一般而言，对于学生体质健康的管理的主要内容包括：进行健康教育、开展体质健康监测、建立体质健康档案、提出改革措施等内容。

我国历来重视对于学生的体质健康的管理。有专门的行政管理方案对监测的指标、监测的项目和检测的经费、仪器等方面作出了详细的规定。

（一）健康教育

健康教育的目的在于使学生懂得和掌握一些基本的体育和卫生常识，养成一定的锻炼习惯，使学生形成终身体育的理念，在日常生活中有规律的进行身体锻炼，不断增强自我身体素质，掌握一定的体育技能。

（二）定期检查

学校设立相应的组织和部门，在学校领导的带领下，体育教师定期对学生的体质和健康状况进行检查，并将这一工作纳入到体育教育的工作范畴之内。

在新生入学期间都会进行相应的体检，而在各个学期也会进行相应的体能测试，对学生的身体形态、生理状况和身体素质进行全面的检测。

（三）健康档案

健康档案则对学生体检和体能测试的各项结果的记录，每一位学生都会有相应的健康卡片，将每次检测的结果进行完整的信息统计，便于以后查询和研究。

国务院颁布的《学校卫生工作条例》中规定了学生健康档案制度，各学校应根据该条例对学生的健康档案进行统一管理。

（四）改进措施

根据体检和体能测试中学生反映出的各种情况，采取各种针对性的措施，改善学生的体质和体能状况，增进学生的身体健康水平。

改进措施的提出需要针对学生的检测结果进行深入的分析、研究和总结，最后形成一定的分析报告，最后针对问题提出相应的改进措施。

（五）完善制度

应建立完善的学生体质健康管理制度，将学生体检、档案管理以及改进措施等方面纳入到相应的制度之内。

在相关的制度建设之时，要注重体质较弱和伤残学生的体育活动制度，建立相应的体育保健和运动康复的相关课程，提高这些学生的健康水平。

二、学生体育干部的管理

学生干部不仅是体育教师的得力助手，并且在教师的领导下开展各项体育教学活动的时候，学生体育干部也是各项体育活动的重要参与者。

加强对学生体育干部的培养和教育工作，对于教学活动的开展具有重要的促进作用。对学生体育干部的管理包括对学生体育干部的选拔、使用和培养等各方面的内容。

（一）学生体育干部的职责界定

学生体育干部具有不同的级别，不同的级别层次则其具体的工作内容也会有所不同。按照我国院校的部门结构设置，体育干部可分为校学生会体育干部、院系学生会体育干部、年级体育干事和班级体育委员等不同的部门层次。

各部门的工作内容大致可以概括为以下几种：接受学校相关管理部门的指导并督促各院系落实每年的体育工作计划；协助体育教师做好各项体育工作；积极开展学生感兴趣的体育活动；组织、管理好学生体育协会。

1. 指导、督促和协调各院系学生的体育工作

这是现行教育体制下学生体育干部的主要工作和职责所在。各院系的学生体育干部的主要职责就是协助院系教师开展相关的体育工作，做好教师的助手。具体而言，就是在学校相关体育部门的指导下，搞好各院系的体育活动，发动学生积极参加院校开展的各项休育活动。

当各院系联合开展体育活动时，体育干部应做好积极的配合和协调，保证体育活动的顺利开展。在开展体育活动时，时间、场地和器材等方面的问题都需要体育干部与学校的相关管理部门进行协调。

2. 开展学生感兴趣的体育活动

学生体育干部还可开展学生感兴趣的一些体育活动，这也是体育干部的重要职责之一。校方举办的全校性的体育活动较少，虽然参与人数众多，但是具体到各个班级，则参与比例较少。

这就需要学生体育干部进行协调，通过开展学生感兴趣的体育项目，使广大学生能够参与到各项体育活动中，丰富其精神和文化生活。

而通过开展相应的体育活动，学生体育干部也能够得到相应的锻炼，

提高自身的组织能力。

3. 协助体育部门做好各项体育工作

作为一名合格的体育学生干部，应该在适当的时候积极协助学校的体育部门开展各项体育工作，促进体育教育教学工作的正常高效地开展。

作为体育教师的得力助手，协调体育工作的作用主要体现在以下几点。

（1）课堂教学。

在体育课堂教学过程中，体育干部的协调和辅助作用主要体现在：帮助教师进行场地和器材的准备，帮助体育教师对学生进行列队整理以及进行相应的整理活动等。

另外，学生体育干部也起着上下沟通的作用，可反映学生在学习中的相关的问题，或通过广泛征求学生意见的方式讨论学校体育课堂教学需要开设的项目。

（2）训练竞赛。

在开展相应的训练竞赛时，学生体育干部应熟悉学校的各项年度训练计划，并进行拉拉队训练。在进行训练竞赛时，应做好相应的前期动员工作，使学生踊跃参加，在运动会开始时，应做好相应的后勤保障工作，确保训练竞赛的顺利进行。

（3）群体活动。

在进行群体性活动时，体育干部应做好相应的筹备、组织和裁判工作，对于运动员的报名、选拔、训练等进行安排。在进行活动时，还应对场地、器材等做好相应的安排，并做好相应的后勤保障工作。

4. 组织、管理体育社团和协会

体育社团和协会拥有相同的兴趣好爱好的学生自发形成的组织，学校的相关部门提高业务的指导，而学生实行自我管理。

学生体育干部应对相关的体育社团和协会提高一定的辅助和指导，在其开展相应的社团和协会活动时，与学校进行积极的协调。在学校进行大型体育比赛时，可以动员相应的体育社团和协会的成员积极参与。

（二）学生体育干部的选拔

1. 学生体育干部选拔的标准

学校每年都会招收新生入学，也会有高年级学生毕业。因此，学生体育干部的组成也应每年进行更新，确保各年级学生体育干部的比例的合理。

学生体育干部的选拔应考虑体育工作的延续性，满足学校体育工作的需要。体育干部的选拔应注重该学生在体育活动中的表现，观察其是否具有一定的组织和领导能力。

学生体育干部要具有一定的人格魅力，为人热情外向，在学生中具有一定的威信。最为重要的是，体育干部应对体育活动具有浓厚的兴趣，具有一定的责任意识。

2. 学生体育干部选拔的要求

（1）学生体育干部的选拔应以老干部为主，适当添加一定数量的新学生体育干部。形成老干部对新的学生体育干部的帮、带，保证各项体育工作的开展。

（2）体育干部应热爱体育活动，并具有一定的体育运动能力和活动组织能力，在体育教学中既能够帮助教师开展体育教学，也能够组织各种体育竞赛活动。

（3）体育干部男女的比例应合理，在开展相应的体育活动时，能够更好地考虑和满足女生的需要。

（4）体育活动的项目一定要有一个合理的搭配，校园体育活动同时也要丰富多彩，学生体育干部的构成在一定程度上要充分考虑各项体育活动的开展，不能简单地局限于某一两个体育运动项目。

学生体育干部选拔一般采用竞选、选举和指定等方式产生，可采用轮流制和任期制，使学生能够具有体验体育领导的机会。

（三）学生体育干部的培养

学生体育干部的培养可采用分级管理的方式进行。校级学生体育干部应由学校方面相关的部门负责培养，而院系级别和班级的学生体育干部则由各院系进行培养。

在体育干部的培养过程中，应大胆使用，保证其具有一定的才能施展舞台，为其提供各种锻炼的机会，充分发挥其在推动体育教学工作中的作用。

三、学生体育学习考核管理

通过一阶段的学习，有必要对学生的体育理论和掌握的技能进行考核，从而为教师和学生的教学成果作出相应的评价，也为开展下一阶段的教学工作提供一定的依据。传统的学生体育学习的考核分为两部分，即为体育理论的考核和体育技能的考核。

随着教育理论的发展，有学者提出了多项考核的指标，包括：学生体能与运动技能、体能和技能的进步、体育理论知识、学习态度和心理健康与社会适应等。

对于各项考核指标的权重也有一定的规定，一般认为，学生体能与运动技能与体能和技能的进步各占21%，体育理论知识则占到22%，比重最多的是学习态度所占比重相对较高，为26%，心理健康与社会适应占到10%。

（一）体能与运动技能及其进步情况评价

学生相关运动情况的测评最重要的是能够准确反映学生的各项运动成绩，在进行评价时，应坚持正确的方法。在实际操作中，不同的运动项目的考核，则其考核的方法也会不同，应根据项目的需要，选择出最佳的测评方法。

一般而言，在教学操作过程中，教师应整合位置百分、累进评分法等数理统计方法，针对不同的学生和不同的项目制定其体能与运动技能的测评方法。

学生体能与运动技能进步情况的评价要坚持发展性原则，建立完善的学生体能和技能进步的纵向对比体系。

在实际操作中，应坚持运动训练的一般规律，学生体质和技能的增强速度在一段时间内一般呈减速增长。在进行考核时，学校相关的部门应坚持发展性原则对其进行考核。

（二）体育理论知识评价

体育理论知识是体育教学的重要方面，因此，对其考核应该予以充分的重视。传统体育教学注重学生体能和运动技能的增强，因此，其考核的重点也在该方面，而对体育理论知识的评价并未给予重视。

传统的体育理论知识评价方法一般采用笔试的方法进行，考核方法也比较单一。

因此，应扭转对于体育理论知识的态度，在考核时创新相应的考核方法，使学生形成完善的体育理论体系，为其以后的健身实践提供必要的理论支持。

（三）体育学习态度评价

学生的态度关系到教学的效果和质量，因此，学校体育教学应注重学生体育学习态度的培养。

为了使学生树立积极的体育运动态度，在教学中可采用成功体验法，使学生体验到成功的喜悦，进而增加参加体育学习和运动比赛的兴趣。

对学生体育学习态度进行积极的评价对于学生的全面发展以及终身体育价值观的形成具有重要的意义。学生的体育学习态度突出表现在其体育学习行为方面，因此，一般针对其体育教学过程中的行为表现展开体育学习态度的评价。通过人们不断的探索和总结，一般常用的学生体育学习态度评价指标主要有以下几种。

（1）出勤情况，即为参加体育课程学习的情况，以及参加相关的运动比赛的情况。

（2）身心投入，即为学生在体育课程学习中的注意力集中程度，是否能够认真听讲并做相关的运动。

（3）接受指导，即为在体育教学过程中是否能够耐心接受教师的指导，并针对难点与教师进行探讨。

（4）主动思考，即为在体育教学中能够积极思考和解决问题，能够创新思路，寻找解决问题的方法。

通过对以上的这些指标进行评价，能够形成正确的信息反馈，使学生确立正确的体育学习态度。在进行评价时，应注意采用合适的方法，避免挫伤学生的体育学习积极性。一般应将教师评价、小组评议等方式结合起来进行考察。

（四）心理健康与社会适应评价

学生的心理健康和社会适应评价较为复杂，因其涉及心理层面的内容，具有一定的隐蔽性。有专家针对该问题总结了几项基本的评价指标，分别为以下几种。

1. 自信心

自信心是学生需要培养和必须具备的必要素质。一般通过其在运动中的行为表现进行考察。

2. 坚持

这是对学生意志品质的考察指标。在遇到难题时学生能否坚持完成任务，能否完成一定负荷量的运动训练任务等都是该项指标的反应。

3. 责任意识

学生责任意识在体育教学中突出反映在其在运动竞赛中有所担当。

4. 控制情绪

良好的情绪控制能力是人们必须具备的素质。其突出反映在学生在激烈的比赛对抗中的情绪控调节能力。

5. 团队合作意识

这是对学生社会适应性的考察。在运动时其是否"合群"，能否与其他学生进行积极的配合等方面都是该项指标反映。

（五）考核评价标准

不同的运动项目，则其相应的考核标准也会有所不同。因此，在制定考核标准时，应根据项目特点和学生特点来制定。在考核时应坚持合理、客观、公平、公正的原则，真实反映学生的情况。

很多学校在体育教学过程中沿用传统的考核标准体系，这不仅不能促进体育教学的健康发展，对于学生学习的积极也产生了一定的消极影响。

考核评价标准的制定一定要科学严谨，杜绝经验主义，采用科学的方法。同时，还要针对教学中的变革对相应的评价标准作出相应的改革，确保教学与评价的相适应。

四、学生体育管理的新形式

随着时代的进步，各种新技术层出不穷，在体育教学管理过程中应积极运用新技术，促进体育管理水平的科学化发展。21世纪被人们称为信息化的时代，很多学者对体育教学管理的信息化进行了探索，并且取得了一定的成绩。

加强体育学生管理的信息化探索，具有很大的必要性，这是由体育学生的数量增多，信息管理的工作量急剧增多的现实状况决定的。例如，在体育教学中，学生健康档案的建立，需要对每个学生的各项检测指标分门别类做好相应的记录，工作量较大。

另外，学生各项运动成绩的考核成绩等方面也需要进行系统的管理，管理不善会导致学生信息的丢失，从而对以后的工作产生消极的影响。

在体育管理工作中，采用信息化管理方法能够使得学生信息管理变得快速、准确，并且能够便捷的进行查阅。因此，很多学校都对学生体育管理的信息化进行了探索。

目前，我国体育教学管理中的信息化水平较低，其应用效果也与其他领域有着较大的差距。

学生体育管理的信息化要求在管理过程中，将学生的基本信息与其各项体育信息结合在一起，并与其他学科方面相互整合，建立高效、全面的学生体育管理有机体。

如何有效整合学生的各项信息，并实现各项信息的更新完善，促进学生体育管理的全面信息化，已成为各学校面临的难题，需要有关部门及领导在体育教学管理的过程中给予高度的重视。

（一）学生体育管理信息化探索

由于体育教学的实践性较强，这决定了体育教学中学生的管理与其他学科的学生管理的差异性。

在体育教学中，学生管理的信息化是一个前沿性的课题，并没有相关的经验和现成的方法，需要各学校进行创新和探索。因此，体育教学中学生的管理面临着诸多的难题。

学生的管理包括多方面的内容，包括必要的学生工作、定期体质测量、相关的竞赛审批和登记等各种问题。体育学生管理的复杂性也决定了全面信息化的难度，这是一项长期的系统工程，不可能一步到位。

在体育教学中，学生管理的信息化首先应对学生管理系统进行完善，建立学生的各项数据库，并对其进行实时的更新。要在体育实践过程中对学生管理系统进行完善。

体育学生管理的信息化探索还应该解决各项指标和标准的统一化和标准化问题，这样才能够建立规范的学生信息数据库。体育教学中学生管理的信息化探索还应坚持"大数据"的思维，实现各部门之间的信息的共享，甚至是不同机构和单位之间的信息的共享，使信息化管理得到普及。

在体育教学中，学生信息化的管理还需要进行一定的数据整合、分析、处理和利用，需要借助一定的软件系统。但是，更为重要的是，要坚持这种"大数据"思维，在先进的管理理念的指导下，再结合相应的先进技术，两者的融合才能最终实现学生体育管理的信息化。

（二）学生体育管理数据平台的构建

1. 平台构建要求

学生体育管理的信息化要做到：首先，实现的是学生信息的数据库建设，有效整合各方面的学生信息；其次，实现学生信息的分析和利用。究其实质而言，就是对于信息的采集和信息的利用。具体而言，其主要包括以下几方面的内容。

（1）实现数据共享。

在体育教学管理系统中，信息的共享是学生管理信息化的重要内容，这也是大数据时代人们要解决的问题。通过对学生的各项信息进行数据处理，进行收集、处理和储存，实现信息的共享。通过信息的有效传导，改善体育教学的效率和质量。

（2）实现无纸化办公。

无纸化办公是信息化管理的重要特征，也是其突出的优点之一。在体育教学过程中，通过对学生各方面信息的整合，将各项教学工作放置在电脑和网络环境完成，既能够实现办公的高效化，也能够减少资源的浪费。

（3）突破时空局限。

体育教学中，学生管理的信息化就是要突破时间和空间的限制，实现学生与体育教师、学校与学校等之间的信息的无障碍交流，使实时信息沟通成为可能。

（4）实现跟踪管理。

在体育教学中，学生的体能和技能处于不断变化之中，通过对相关的数据和指标进行检测，并实时更新至数据平台，能够对学生的体质健康和技能掌握情况进行跟踪的管理，实现管理的科学化。

（5）拓展外延服务。

体育教学中，学生管理信息系统应与其他系统相结合，如就业系统、医疗服务系统等，实现各项工作的便捷化操作。以就业系统为例，可设置相应的职业能力测评、招聘信息、疑惑解答等功能，为体育专业学生就业提供必要的指导。

同时，也为招聘单位提供便捷的服务，通过资格的筛选，确定符合要求的学生的信息。

2. 信息管理系统

在体育教学中，学生信息管理系统应包括多方面的子系统，实现各系统之间的连接。体育教学的学生管理系统则应将学生的基本信息模块设置为一个系统，里面包含学生各项基本信息。

其他的子系统包括信息跟踪模块、竞赛获奖情况记录模块、毕业学生管理模块、系统账户管理模块等。各系统之间应实现信息的分析、对比和研究的无障碍进行。

（三）学生体育信息化管理的问题分析

对信息的有效整合是体育教学中学生管理信息化的首要问题，也是如今各高校及体育院校所面对的突出问题。在资源的整合过程中，首先要解决的问题是信息的规范化问题。标准化和规范化是促进经济发展的重要手段，对于体育教学中学生的信息管理工作也同样重要。

在体育教学中，由于运动项目的不同，数据的不规范、不统一状况是信息管理中的突出问题。这与运动项目的多样性具有较大的关系，不同的运动项目其考核的标准也会不同，考核方法和所用的单位量度也具有较大的差别。

因此，学生的体育信息化管理所要解决的问题之一就是要整合各运动项目，实现各标准的统一化。同时，各部门进行工作时，要确立规范的标准，统一的操作要求，这样才能够保证数据整合的正常进行，从而提高学校体育教学管理工作的效率。

第二节　体育教师的管理

体育教师是体育教学活动的具体实施者，体育教师的工作水平关系着教学效果的好坏。

因此，体育教师的管理是体育教学管理的重要内容。本节将从体育教师的选用、培训和考核等方面进行研究，旨在提高体育教师管理的科学化水平，打造高水平的体育教师队伍，为体育教学的健康开展奠定师资基础。

一、体育教师管理概述

体育教师是体育课程的开发者和教学活动的具体实施者，在日常体育教学中，同样的学生和教学资源，不同的体育教师则会取得不同的教学效果。

因此，体育教师的自身素质对体育教学活动具有重要的影响。体育教师应明确自身的教学使命，承担其教学职责，充分彰显其高尚的自我价值。

（一）体育教师的职责转变

随着时代的发展，生产力的不断进步，生产关系也在相应的发生变革。对于体育教师而言，其不再仅仅是教授体育知识和技能那么简单。

新的历史时期下，体育教师必将担负更多的使命和责任。体育教师的职责转变主要有以下几方面的内容。

1. 体育教师由传授者向促进者的转变

体育教师应尽快从传授者这一核心角色中解放出来，更多地参与到学生的学习中去，成为学生健康成长和个性发展的促进者，这是时代赋予体育教师的新使命。

在教学活动中，教师应更多地参与到学生的学习活动中，营造良好的活动氛围，培养学生的学习能力，促进学生的全面发展。

2. 由课程的实施者向课程的建设者和开发者转变

体育教师是体育课程的具体实施者，能够准确地得到相应的教学反馈，体育教师的这一角色特性，使其对体育课程的设计和开发具有更便捷的条件。

在教学过程中，体育教师应根据学生的具体情况开发相应的课程，赋予体育教学更多的建设性和创造性，激发学生的学习兴趣，改善教与学的适应过程。

3. 由管理者向平等的交往者转变

我国传统文化讲究"尊师重道"，师生之间天然具有等级的差别，这对体育教学活动的开展不利。尊师重道的思想固然是重要的，但是，体育教师的自身角色定位应适当的转变。

体育教师应转变为与学生地位平等的交往者，这样才能更好地参与到学生的学习和生活中，使师生之间增强相互的了解，促进教学活动更好地开展。

总之，教师不仅要教书育人，全面增强学生的身心健康，同时，还要不断增强自身的素养，提高教学的质量。

另外，体育教师还应创新学生的体育测评工作，探索教学效果评估的新方法，并对每一节课的得失进行总结，使教学活动健康、科学地开展。

（二）体育教师管理的基本原则

1. 人本管理原则

人本管理原则要求确立人在管理中的主导地位，充分调动人的积极性，并促进人的全面发展。如今，我国的体育教师管理方面存在诸多问题，具体表现为管理权高度集中于学校的行政管理机构，管理措施与教学相脱节。学校的相关行政部门对于教师的需求了解甚少，这导致教师缺乏认同感，对于体育教学目标和教学效果也会变得漠不关心。

另外，随着量化管理的进行，在注重教师管理的规范化的同时，忽视了相应的人文关怀，这造成了教师之间人际关系的紧张，不利于教学活动的开展。

针对这体育教师的管理中的问题，应充分贯彻以人为本的管理理念。以人为本的管理理念主张尊重教师，充分发挥教师的创造性和积极性。在管理过程中，还要对教师的心理和需求进行研究，诱导和启发教师的内在积极因素。

另外，还要注重体育教师自身素质的培养，促进体育教师知识结构的不断升级，尽可能地满足学生的各项学习需求。

人本管理要求充分发挥体育教师的自主精神，为其创造一个自主发展的空间，使体育教师的个性和特长能够更好地在体育教学工作中发挥出来。坚持人本管理要求创建丰富多样的校园文化，把体育教师与学校紧密联系在一起，使教师对学校产生一种认同感和归属感，从而提升学校的凝聚力，促进体育教学的开展。

坚持人本管理原则还应建立健全完善的沟通机制，不仅使教师和学生之间实现沟通的流畅，还要保证教师与学校管理者之间沟通渠道的畅通。学校管理者应对教师提出的各项意见和建议表示充分的尊重，并要尽可能的实现教师参与学校的管理工作，充分调动教师的积极性。

2. 激励性原则

激励是坚持人文原则的重要方面。激励原则即为对体育教师进行一定程度的外部诱因刺激，使其产生一定的内在驱动力，强化体育教师的教学思想动机和行为，充分调动体育教师的积极性、主动性和创造性。激励一般分为物质激励和精神激励两种。

坚持激励性原则充分考虑体育教师的个体差异，满足其潜在的外部需要，激发体育教师内在的自觉行为。人力资源理论认为，个人需要的满足和组织任务的结合，能够使人力资源更加有效地被组织利用。

学校的管理者应合理设置教学目标，使其实现过程与体育教师的个人需求满足的过程相契合，激励教师更加积极主动地投入到体育教学工作之中。

对于一所学校而言，体育教师是一个群体，因此，坚持激励性原则要妥善处理好体育教师的集体激励和个人激励之间的关系。体育教师的个人激励应能够调动体育教师个人的积极性，是激发其个人事业心的重要方式。

但是体育教师的个人激励使用不当会造成个人和群体之间的排斥，从而不利于群体的发展。在实践过程中，应注重个人激励和集体激励两者之间的结合。

体育教师需要的满足具有一定的复杂性，因为人不但具有物质需要，同时还有精神和心理方面的需要。人的心理需要是多方面的，不同的人会表现出不同的心理需要，这就需要在体育教学管理过程中深入分析体育教师群体的不同心理需求，并且要善于把握这种需求的动态变化。

3. 能级、能质对应原则

能级即为对才能的分级，能质即为才能的不同性质。体育项目具有不同的类别，则相应的体育教师也有相应的专长；另外，教师也有职称上的差别，不同的职称也在一定程度上反应了体育教师的能力差别。因此，体育教师的管理应坚持能级、能质相对应的原则，不同的体育教师适应不同的工作岗位，保证量才任用，人尽其才。

4. 协调性原则

体育教师的管理是其实质在于协调教师与教师、教师与学校之间等各方面之间的关系，使体育教学这一大的组织系统能够更加和谐、高效地运行。协调性原则要求化解各方面的矛盾和问题，使组织之间形成一定的合力，使教师人才队伍能够更好地促进学校的发展。具体而言，协调性原则有三方面的含义。

首先，各教师之间的相互协调，不仅不能相互抵触，还应该做到相互组合和补充，使教师队伍的结构和层次合理有序。

其次，教师和其工作岗位和学校之间的协调，教师的专业与其所在岗位对口，在其工作岗位上能够发挥出其高效的工作能力。

最后，教师管理的协调性原则要求其管理水平与社会发展程度相适应，实现教师管理与经济文化、科研管理之间的适应。

二、体育教师的选用

（一）体育教师队伍结构

体育教师队伍建设要有一定的层次性，建立完善的体育教师梯队，以应对体育教学中的各种状况，保证体育教师队伍的合理。具体来说，体育教师队伍要包含不同的性别、年龄阶段、体育项目和职称，使教师队伍具有综合、互补、复合的结构特点。总之，体育教师的队伍结构建设要以更好地满足体育教学目的来展开。具体而言，体育教师队伍建设要注重以下几方面的内容。

1. 性别方面

由于体育课堂教学要求同性别授课，教师队伍中性别比率与学生性别比率基本相等。

2. 年龄方面

教师队伍中有老、中、青年，年龄呈梯队层次，使教师队伍的成长和更替有序进行。

3. 体育项目方面

体育项目众多，通常学校开设的体育课程有大小球类运动、操类运动、武术运动等各种项目。术业有专攻，教师都有自己相应的专长领域，以及相应的短板。因此，教师的配备应根据体育项目展开。

4. 知识结构方面

同一所院校的学生其知识结构具有一定的相似性，因此，教师的选聘应该应注重其毕业院校的差异性，使教师之间的知识结构形成一定的互补。

5. 职称方面

不同的职称能够在一定程度上反映教师的专业知识掌握水平。教师队伍中具有助教、讲师、副教授、教授等多种职称人才，并搭配合理。

（二）体育教师的选聘

我国教师实行聘任制，由于各地区经济上的差异性，学校等级的不同决定了教师聘任制效果的差异性。经济发展水平较高的地区的教师聘任制的效果较好，经济欠发达地区的教师选聘则不尽如人意。学校的知名度也对选聘制产生了一定的影响。

如何选拔合适的体育教师是教学管理的重要内容，随着竞争的加剧，如何发现、选拔优秀的教师人才已成为学校的管理层面临的突出问题。体育教师的选聘应做好以下几方面的工作。

1. 树立正确的人才观念

在体育教师的选聘过程中，首先遇到的问题是如何识别优秀的教师人才。对于管理层而言，首先应明确什么是优秀的体育教师人才。

首先，优秀人才的识别不能局限于其过去取得的成绩，如名牌大学毕业，具有一定的知名度等，这些虽然能够在一定程度上反映其能力水平，但是不能代表其以后的发展成长状况。

其次，管理者不应局限于对人才的第一印象。很多人都惯常以第一印象评判他人，但是，这是不科学的。人力资源专家告诫管理者，在人才招聘时，第一印象往往是不可靠的，因为很多能力水平较差、经历多次竞聘的人能够很好地掌握留给人美好第一印象的方法。

再次，要树立"合适"的人才观。体育教师的选聘是双向的选择，学校在选择教师的同时，教师也在选择与其相适应的学校。对于学校而言，并不是"优秀"的人才才是正确的人才，而是"合适"的人才才是正确的人才。

举例来说，能力超强的人才去教学水平一般的学校应聘时，学校就应该考虑学校和教师两者之间的适应性，如果学校的教学管理水平与该优秀人才的能力不能很好地匹配，则对以后的教学活动将带来一系列的问题。

最后，对体育教师人才的选聘应注重现有体育教师的特点。教师梯队建设注重教师队伍的综合和互补，但是，在人才选聘时，难免会"见猎心喜"，而忽视了现有人才结构，这样会造成人才的重叠，致使教学资源的浪费。

2. 对选聘的体育教师的考核

优秀体育教师的发现和聘用是一项复杂的工作，不同的运动项目和工作岗位对于教师的要求也不尽相同。这就需要学校在认真分析现有教师人才层级的基础上，对所需体育教师的类型和能级进行调查，之后确定一定的教师人才选择的标准。

对选聘的教师进行考核时，学校首先应该对所选岗位的所需具备的能力、特点有全面的了解，还要听取各方面的意见和建议，对于选聘的教师还要进行深入的了解，了解其具体的情况。对于体育教师的初步考核可采用试讲的方式，对其能力水平作出相应的评价。同时，也可参考相应的人力资源选拔的相应技巧和方法进行考核。

3. 选择相应的教师招聘渠道和方法

学校的管理者在对人才进行选拔时，可以通过多种渠道进行，下面将介绍几种典型的人才招聘方法。

（1）张榜招聘。

通过告示、登报、网络等方式招聘体育教师的方式。随着网络的发展，这一招聘渠道将会变得更为便捷。在教师的选拔过程中，这一方法应用较为广泛，它能够为学校补充急需的人才，是尽快发现和选拔人才的重要方法。

采用这种方式时，对于招聘的教师进行初步筛选时，一般采用考试问卷法，通过答试卷或解决实际问题的方法等方式选拔人才，体育本科生、研究生和公务员的选拔和录取都采用这种方式。这种方式应遵照一定的规章和标准，通过公平竞争，最后选出优胜者。

（2）专家寻荐。

通过派遣有相应的专业学识的专家寻找和举荐相应的教师人才。这种方式主要为寻找专门的体育人才或是高水平的体育人才的方式，这也是一种常用的人才招聘方式。

该专家应对本学校的情况充分了解，对同事和学生的情况有一定的认识，应清楚所需人才应具备的各项素质。

（3）从各级和各类学校中选拔。

从相应的各级学校中选拔相应的教师人才，这也是一种常用的方法。很多院校都会有分校和下级学校，通过人才的流通，能够实现人才的平衡。对下级学校的教师进行选拔能够更好地激励下级教师的工作热情，有利于教学工作的开展。

另外，对于本学校的优秀毕业生，可以通过留校任用的方式，补充教师人才的空缺。

（4）学术会议和科研课题。

通过召开相应的学术会议和开设相应的科研课题，来发现相应的人才。这种方式招聘的人才具有一定的业务能力水平，能够承担一定的任务和责任。

（5）借用和兼职。

借用，即为当学校教师短缺时，可向师资力量雄厚的单位借调，这也是一种常用的方式。兼职即为某方面力量较强的体育教师可以到缺乏此类人才的学校兼职。

体育专栏撰稿者、高水平的运动员等都可以作为临时的教师为学生学习相应的技术和知识提供帮助。

（三）体育教师的使用

对体育教师的选拔和聘用，其最终目是应用于体育教学之中，合理地使用体育教师，才能发挥出教师的自身才能，更好地促进体育教育事业的发展。体育教师的使用应注意以下几方面的内容。

1. 用人所长

用人所长，避其所短，这是用人的基本原则，但是，在现实生活中，很多人都把人才放错了位置，从而造成人才的使用不当。对于体育教师而言，首先，应明确其专项优势，针对其优势选择相应的教授项目，保证人尽其用；其次，对于教师的其他才能应适当拓展，如有些教师协调能力较强，具有一定的管理能力，则应发展其相应的领导才能。

2. 充分信任

"用人不疑，疑人不用"，这是用兵的原则，也是现代人才管理和使用的基本原则之一。对于体育教师使用，应对于其教学的方式予以充分的信任和尊重。对于大多数体育教师而言，都有通过自身的努力培养优秀的人才的愿望，学校的管理者应给予他们自由的施展空间。

3. 用养并重

体育教师的使用是一个才能输出的过程，同时学校管理者还应该注重对教师的知识和技能的输入，保证体育教师知识的更新和思想的活跃。

4. 奖惩分明

对于教师的使用应做到赏罚分明，这也是人才管理的重要手段。在体育教学过程中，工作态度有好坏之分，工作成果也有优劣之别，因此，应做到奖惩的得当，激发教师的工作热情，促进教学工作朝着健康向上的方向发展。需要注意的是，对于批评和处罚应掌握适当的限度，避免挫伤教师工作的积极性。

三、体育教师的培养

通过各种方式选拔的体育教师可能只会具备相应的知识体系基础，而相对缺乏相应的教学经验，这就需要对体育教师进行相应的培训和培养。

另外，相关的知识体系总是处于不断地拓展和加深之中，这就需要对体育教师进行定期的技能培训，增强其相应的业务能力水平，另外，有些教师具有较强的专业知识水平，但是其讲授方式和对学生的管理方式等也应相应得到改善，这也需要进行相应的培训。

通过对体育教师的培训，能够不断挖掘其自身的潜能，更好地发挥体育教师的效能。

因此，学校管理者应处理好教师的使用和教师的培训之间的关系，很多单位的领导认为教师的使用是正常的，但是对教师的培训则会影响工作，很多学校领导甚至认为教师可以自然成长，并不需要相应的培养，因此并不予以充分的重视。这些错误的观念应及时得到改变。

（一）体育教师培养的原则

1. 群体优化原则

群体优化原则要求在体育教师培训时，应从全局出发，有计划地进行培养。对于体育教师的培养应注重整体的优化，使教师素质得到全面的提高，使群体结构得到优化和提高。对于体育教师的培养，要符合一般人才成长的规律，综合提高教师队伍水平。

2. 定向培训原则

在确定好体育教师的工作岗位之后，应实行定向培训，以满足实际工作的需求。采用该培训原则能够使人才培养少走弯路，使教师能够更好地从事体育教育工作。各体育项目对于体育教师的要求不同，这就需要针对不同的体育项目展开相应的培训工作；不同的教师其工作的发展方向也会有所不同，因此，应针对不同的人才采用不同的培训方式。

定向培训原则要求在进行体育教师培训时，应做到"缺什么，补什么"，根据具体的工作需要进行职业性的教育培训，使体育教师相关技能水平得到补充、培训、更新和提高。

3. 目的性原则

由于体育教师日常的教学任务较多，因此，应注重培训的合理和高效。这就需要培训具有鲜明的目的性，解决某方面的教学问题，增强教师某方面的技能掌握等，在培训之初就需要达成明确的培训目标，这样在培训过程中，教师才会具有一定的学习目的性。

4. 系统发展原则

在进行体育教师培训工作时，应根据体育事业的发展趋势，着眼于整个学校体育教师队伍的系统建设，站在一定的高度审视和处理问题。

在体育教师培养的过程中，应掌握各种现代化的技术手段，了解最新的学术和科研动态，使体育教师的专业能达到一定的广度和深度。要着眼于体育系统的整体水平的不断提高，适应教育事业的发展需要。

另外，体育教师的培训进度受教学进度、社会和家庭等多方面的因素的影响。因此，应对体育教师的培训工作进行灵活的安排，保证体育教师得到系统和全面的提高。

（二）体育教师培养的方法

对体育教师的培养和教育有多种途径，一般常用的培训方法有如下几种。

1. 定期轮培

举办各种形式的培训班和讲座，使体育教师定期得到培训，不断补充新的知识和内容，提高自身的专业素质。定期轮培是体育教师培训最为常用的方式，能够使体育教师不断地了解新的知识和掌握新的技能。

2. 学术研讨会

通过开展学术研讨会，各体育院校、体育学会、体育科研机构等单位积极参与其中，交流和探讨相应的学术成果。通过这种方式能够开拓体育教师的视野，对于体育教师教学水平的提高具有重要的作用。

3. 委托代培

通过向高等的教育单位或是专业的培训机构申请代培，这也是人才培训的重要方式。高等的教育单位具有丰富的经验和广阔的视角，对于体育教师知识水平补充和更新具有积极作用。

专业的培训机构能够针对体育教师的相关弱点展开科学合理的分析和考察，作出相应的评估，最终确定完善的培训方案，这对体育教师的专业技能的提高具有重要的作用。

4. 考察学习

为体育教师提高外部考察和学习的机会，这对体育教师教学思路的转变具有重要的作用。一般的考察学习是国内的考察学习，即实地考察借鉴优秀学校的教学经验和方法，探讨本学校的教学方法。有条件的学校可开展相应的出国考察机会，使体育教师接受国外先进的教学思路，开阔教学视野，促进教学的转型。

总之，体育教师的培训有多种方式，学校应根据自身的教学情况，综合采用。需要注意的是，对于体育教师的培训最为重要的是激发体育教师教学的热情，使体育教师在每一次培训中都能够学有所获。

四、体育教师的考评

建立完善的考核机制，对于体育教师的工作进行科学、完善的考评，对体育教师的工作成果作出相应的评价，这是体育教学健康发展的重要保证。通过对体育教师和其工作的考评，才能够建立相应的奖惩和激励机制，充分调动体育教师工作的积极性。

（一）体育教师考评的原则

1. 全面考核原则

教育工作是一项神圣而伟大的工作，关乎着广大学子的成长和发展，因此，对于体育教师的考核应全方位的进行。全面考核原则要求对体育教师的德、能、勤、绩等几个方面进行综合的考评。作为一名体育教师，首重师德，这样方能教书育人，塑造国之栋梁。

德包括两方面，即为体育教师的职业道德和政治思想品德。能，即体育教师所具备的教学能力，这是作为教师的根本，没有能力，则不能担当体育教师的职责。

体育教师的能力突出反映在其科研成果方面。勤，是指体育教师的工作态度，表现在其工作的纪律性和积极性，优秀的体育教师要做到兢兢业业、诲人不倦。绩，是体育教师工作态度和工作能力的反映，是教学的效果、质量和效率等方面的考核。

对于体育教师的考核应坚持全面考核的原则，对于德、能、勤、绩四个方面的考核应都有所涉及。值得注意的是，这四方面的考核应有所侧重，不同类型的体育教师四方面的考核内容可适当地进行调整，有所侧重。

2. 区别对待原则

不同的工作岗位和人才具有其自身的特殊性，考核和评价的标准应有所不同。区别对待原则要求在考核时，学校应充分了解体育教师工作的特点和基本特征，在此基础上，制定出衡量其工作的客观标准。区别对待原则是体育教师考核更具权威性和科学性的重要保证。

3. 公平合理原则

对体育教师的考核影响着体育教师的职称评定、福利待遇以及晋升等方面的内容，关乎体育教师的切身利益，因此，应坚持公平合理、公开公正的原则。

一切考核的方法和制度都应该坚持公平合理的原则，采纳和听取多方面的意见和建议，使考核的结果更加符合实际。在考核过程中，贯彻公平合理原则才能使教学工作形成良性的发展。

4. 定性和定量相结合原则

传统的考核方法只能对体育教师形成一种宏观的考察，并不能反映教师工作的具体方面，是一种定性的考核方法。这种考核方面会带有考核者一定的主观情绪和偏见，因此，其考核缺乏一定的科学性。

因此，在体育教师考核时，应更多地借助定量考核的方法，使考核具体量化，具有一定的可操作性。定性和定量方式的结合是保证考核科学性的重要手段。

5. 阶段性和连续性相结合原则

考核的阶段性即为对每一个教学阶段的考核和评定，是对教学的阶段性考核。连续性原则指对体育教师考核要坚持长期的积累。教育工作是一项长期的工作，教育的成果也是一种潜在的效果，短时间内体育教师的教学效果并不能立刻显现。

因此，体育教师的教学评估应具有连续性，全面、历史地进行考察。阶段性和连续性相结合是对体育教师的工作进行全面、准确考核的重要手段。

（二）体育教师考评的方法

体育教师的考评方法有多种，下面将介绍几种常用的教师考评方法。

1. 学生评价打分法

学生评价打分法即学生给体育教师打分的方法。采用这种评价方式时，一般采用匿名评价的方法，在学期末统一进行打分。随着计算机和网络的普及，如今对体育教师的打分都会在网络上进行，方便进行统计。

这种方法能够较为真实地反映学生对体育教师的评价，是对体育教师人格魅力、专业技能水平、业务能力等方面的一种重要考察方法。

2. 个人判断考核法

个人判断考核法即为学校管理者根据教师的日常表现，对体育教师进行全面、综合的评价和分析。这种考核方法简单易行，但是其缺点在于带有考核者一定的主观色彩，因此，其公平合理性会受到质疑。但是，排除个人因素的影响，这不失为一种有效的考核方法。

3. 自我打分法

自我打分法是人力管理的一种重要的方法。通过这种方法不仅能够评估体育教师的教学工作，还能够在一定程度上反映体育教师的个人品格。自我打分法又可分为两种具体的方法，即为测评积分法和述职报告法。

测评计分法即为管理者建构教师测评各项素质框架，然后在素质框架之内制定出一定的人才测评表，要求体育教师进行自我打分。这种方法也可用于体育教师之间，以及体育教师与上级之间的相互评定。

述职报告法即体育教师自我讲述、自我评定，然后再有相应的上级组织负责审核和考察。

4. 考试记录法

考试记录法也是一种比较常用的体育教师考核方法。一般采用口试加笔试的方法进行，这种考核方式一般应用于体育教师职称评定中。考试记录法只注重体育教师的学识水平的考核，对体育教师其他方面的考核则具有很大的局限性，因此，它一般与其他的考核方式一起使用。

5. 量化指标法

量化指标法即为学校管理者把教学工作的各个方面分类量化，并设计出相应的内容，各项内容占据不同的比例，通过对体育教师进行考评，得出最终的分值。这种方式一般借助计算机进行，便于整理和分析。这种考察方式前期的考核内容编排是重中之重，决定着后期体育教师考察的准确性和合理性，因此，各项指标的量化应注重科学性，各指标的搭配比例也应该合理。

第三节 体育教学中财力资源的管理

一、体育经费管理概述

体育经费是维持体育教育教学的重要保障。体育场地的维护，体育器材的购买，专项体育教师的聘请以及体育训练与竞赛的组织都需要大量体育经费的支持。

　　而就目前我国的教育来看，能够用于体育教育的经费与其他学科教育相比少之又少，这是教育理念尚未完全转变的结果，但即便如此体育教育管理者仍旧需要从自身着手，通过卓越的管理方式和技巧，使得有限的体育教育经费能够获得最大限度的使用，发挥出最多的能量。

　　为此，体育教育管理者就要对这些用与体育教育的经费精打细算，总的来看，可以将体育教学的财力资源管理分为预算管理、支出管理和收入管理几个流程。

（一）体育经费的预算

　　就一般情况而言，学校体育经费的预算通常是按照年度来进行预算的，学校体育经费在一定程度上会关系到整个学校系统的发展状况，所以，充分做好经费的预算是十分有必要的。

　　高校体育经费的预算需要根据一定的制度和步骤来进行，具体如下：

　　（1）国家和本校的有关财政法规制度。

　　（2）学校对经费预算的内容要求。

　　（3）上年度收支指标完成情况分析和决算财务分析。

　　（4）本年度学校经费预算的指导思想。

　　（5）本年度开展体育工作所需的经费预测或与上年度相比主要增减项目。

　　（6）本年度高校体育自我创收经费估计。

（二）体育经费的支出

　　学校体育经费的支出有很多，但总结下来较为平常的支出主要包括以下几个方面。

　　（1）为维持正常体育教学、组织课外群体活动、开展运动队训练竞赛、添置图书资料等的费用支出。

　　（2）购置一些大型器材设备或进行体育场馆建设和维护的费用支出。

　　（3）体育管理机构的日常办公经费支出。

　　（4）体育教师和行政后勤人员的酬金补贴和后勤经费支出。

（三）体育经费的收入

　　要想支出必须首先拥有收入。在过往的很长一段时间内，由于社会发展所限，学校中的体育经费基本上由校方甚至是上级教育部门决定，体育教育过着"有饭吃饭，无饭喝风"的状态，当然这里所谓的"喝风"并不是终止体育教育，而是指只能凭借已有的场地或器材进行教学活动，如果器材因破旧损坏，也不能及时修整和更换，教学只能对所需器材进行统筹调配。

这样一来，教学还可以勉强开展，但实际质量不可避免的会出现下降。社会发展后，特别是我国提倡全民健身的运动理念，再加上市场经济制度下人们"自我造血"意识的萌生，使得学校也可以采取一些市场方式获得收入，用以弥补体育经费的不足。

从目前来看，学校体育经费的收入来源主要有以下几个渠道。

1. 事业拨款

从教育行政部门按学生人数下拨的教育事业经费中用于体育的比例部分，这是学校体育经费中最主要的来源。

2. 学校筹措

学校内部从创收、校办产业等方面的收入。该部分经费收入主要用于体育教师的奖福经费、课时酬金补贴等。

3. 自行创收

由体育教学部（室）通过合法的手段向师生和社会人员提供有偿服务而获得的收入。

4. 社会集资

学校或体育教学部（室）通过举办重大体育比赛、参加重大体育赛事以及建设体育场馆等向社会各界募集得到的赞助费用。

二、体育器材经费的管理

学校中的体育器材种类较多，形式各异，这样就使得它们各自的价格和使用频率有过不同。通过分析可以得出体育器材一般可以被分为大型体育器材、小型体育器材、体育消耗品和固定体育资产。

从器材的消耗上来看，大型体育器材的使用寿命往往较长，不需要经常购置，如篮球架、足球球门等。小型体育器材通常消耗较快，因此大多数需要每年添置或维修，如乒乓球拍、乒乓球、网球拍、羽毛球球拍和球等。科学实施学校体育器材的经费管理，有利于提高体育器材的使用效率，降低体育器材的使用成本。

（一）减耗增效要求

想要在一定程度上充分发挥体育器材的作用，一定要合理地使用体育器材，并且尽力做好体育器材的及时维护，争取把体育器材的损耗降到最低。在整个学校体育教学的实践当中，体育器材在使用过程中难免会存在一定的损耗，并且这种损耗也是无法避免的。

所以，对于器材的管理人员而言，一定要充分做好本职工作，加大管理的力度，建立和健全体育器材的管理制度，规范器材的管理，尽量减少一些不必要的损失，同时还要减少学校体育器材的采购支出，以此来保证体育器材的完整性和延续性。

（二）采购器材预算

学校对体育器材的采购预算主要应包括以下几个方面。

1. 每年体育器材消耗费用的预算

一般来说，学校每年体育器材的消耗费用一般是固定的，如篮球、排球、足球、羽毛球等，每年在球和球拍的使用上消耗比较大。这笔费用是每年采购预算必列项目。

2. 第二年增减项目的器材费用的预算

学校第二年增减项目器材费用一般是应对改革需要和特殊情况处理对器材购置作调整而准备的。

3. 体育教师工作服采购费用的预算

这项费用由于数额不多，因此常常被忽视。首先应说明的一点是，这是对体育教师工作的尊重和支持。当然在实际采购中需要根据学校的具体情况实施。

这部分采购行为可以由校方负责，也可以通过以体育教师的特殊补贴的方式进行。但不管选择哪种形式，这部分资金必须要纳入年度采购的预算项目内。

4. 机动费用的预算

由于学校每年的器材采购经费都会有一定的增减，因此，留有一部分机动费以备不时之需是十分必要的。

（三）采购行为监管

学校体育器材的采购在整个学校体育的经费中是一笔不可忽视的费用，所占的比例是很大的，在采购的同时，体育器材采购的质量和渠道在一定程度上会直接关系到学校体育的经费多少，甚至会对于整个学校的经费起到决定性的作用。

需要特别注意杜绝在交易行为中的不正当行为，如吃厂家回扣或开虚假发票等。一系列的监管措施只为了能够增加学校体育器材采购的透明度，对规范采购人员的行为规范具有重要意义。

三、体育场馆经费的管理

学校中的大多数体育场馆是在一定体育经费支持的基础上兴建的，用以满足日常的体育教育和训练比赛的需要。作为体育教育的重要场所，体育场所在使用过程中会出现一定的损耗以及为了维护场馆正常功能雇佣的管理人员的工资等都需要另外的经费供应。

当然，现代众多体育场馆在平时会对社会开放，用以作为社会体育资源来满足大众体育健身的需要，这种场馆资源的提供不是无偿的，是会根据市场收取一定的场租费用，如此一来场馆也获得了一定的收入。

（一）体育场馆经费的支出

1. 体育场馆经费的开支分类

不同大小和功能的体育场馆所需的支出有很大区别。具体来说，可按不同影响因素分为以下几类。

（1）按性质分类。

按经费支出的性质，可以将体育场馆的经费支出可分为营业成本和期间经费两大类。

（2）按项目分类。

按活动项目，可以将体育场馆开展各项专业业务活动及其辅助活动发生的实际支出分为以下几种，即工资（雇佣管理人员产生的经费）、公务费、设备购置费和维修费等。

（3）按时间分类。

按时间标准，可将体育场馆的经费支出分为三种，即体育场馆为取得营业收入直接发生的直接经费；有助于当期营业收入的实现或为数细微、不值得在各期间分摊的期间经费；效用在一个会计期间以上的跨期经费。

2. 体育场馆经费的监控管理

为了能将运行体育场馆的经费落到实处，必须有专人对资金的使用和流动方向进行严密地监管。尽管监管可能会让执行人又不被信任的感觉，单从制度上来说监管仍旧必要，其根本目的在于有利体育场馆的各方面正常运行，因此就要求这种监管要系统全面、精打细算，勤俭节约。

（二）体育场馆经费的收入

1. 体育场馆营业的收入分类

（1）按营销方式分类。

按营销方式可以将体育场馆营业的收入分为常规销售和优惠销售两大类。

（2）按结账时间分类。

体育场馆的营业收入结账时间主要是即时结账、预收结账、赊账签单结账三种形式。

（3）按计价方式分类。

根据不同体育运动项目的特点，其计价方式有所不同。目前主要的计价方式主要有计时、计量、计人三种。

1）计时收入是根据参与运动的人的运动时间作为收费依据的。只要在规定的时间内围绕单位器材或场地的运动就是被允许的，如打乒乓球、台球的单台计时收费；羽毛球、网球场地的单块场地计时收费等。也就是说，只要是在这一块所租赁的场地中，即便有50个人站在场地中参与运动也是可以的。

2）计量收入是根据参与运动的人使用服务设备或消费产品的数量作为收费依据的。例如，如保龄球馆以局为单位进行收费；射箭射击场馆以射出剑支的数量或子弹的数量为依据收费；高尔夫球以每筐球的数量计费等。

3）计人次收入是根据参与运动的人数作为收费依据的，主要适用于多人共同消费同一项目，如游泳场所、健身房、攀岩等。目前，这种以计人为依据的收费方式的使用面更加广泛，如以往一些计时收费的项目，也逐渐引入了计人次收费的模式，如乒乓球场馆，不过通过实践发现，这些按计人次标准收费的场馆大多为会员制或在营业淡季推出的一种促销方式。

2. 体育场馆的收入核算

（1）单体项目营业收入核算。

单体项目是指独立经营的单个项目，如健身房、台球厅、篮球馆等。

（2）营业收入结构核算。

营业收入结构核算指在一定时期（月、季、年）的单项收入或分类收入占分类或部门营业收入的比率。

（3）营业收入季节比率核算。

营业收入季节比率核算是指体育经营项目的月季营业收入占全年总收入的比率。

3. 体育场馆的利润核算

体育场馆在一定期间的各体育经营项目的收入与各项费用支出相抵后形成的经营成果即为利润。

四、体育活动经费的管理

这部分内容主要研究体育活动经费的管理问题。这里所说的体育活动包括常规的体育教学活动和其他非正规教学目的的体育活动，如学生体育社团活动和校内体育竞赛活动。

而正规体育教学的支出这里不做赘述，这里主要研究非正规教学目的而开展的体育活动的经费管理。

学生体育社团活动和校内体育竞赛是体育教育的补充和完善。事实证明，这也是学生们最喜爱的、最能展现学生兴趣爱好和特殊才华的舞台，它不仅能够极大促进他们的身心发展，更是丰富校园文化生活，塑造良好的校园文化气氛的重要方式。

对于体育活动经费管理的宗旨就在于要把有限的资金最高效地用在学生身上，使活动得以顺利开展。

（一）学生体育社团活动

学校的体育社团活动大多由学生自发主办，由学校扶持和指导。学校应该鼓励学生根据兴趣主办的各种社团，这也是学校体育文化的主要表现形式。在资金扶持学生体育社团过程中的经费收入和支出管理具体如下。

1. 学生体育社团的经费收入

学生体育社团主要是通过学生缴纳入会费进行运作，该组织的很多费用都是从入会费中开支。但是需要说明的一点是，学生的入会费只是一种象征性的收费，如果收费过高会抬高学生参与社团的积极性，或者说这让他们无力参加社团。

因此，校方应在此时给予社团以一定的经费支持，由此使得学校的投入成为了学生体育社团的主要经费来源。

2. 学生体育社团的经费支出

（1）教师指导费。

体育教师指导学生进行体育活动是学校单项体育社团持续运作的重要途径。但体育教师的付出不应是无偿的，为此应支付指导教师一定的费用，为指导教师设置酬费，这类费用可以以绩效工资的方式发放，如此也能激励体育教师发挥余热为学生体育生活再尽一份力量。

（2）添置器材费。

一般的，学校体育社团活动所使用的器材是与体育课堂教学器材共用的，但一些单项体育社团，如拳击、划艇、棋牌等需要协会组织专门添置器材。

（3）内部比赛费用。

在学生体育社团内部，开展竞赛活动需要设置奖励费用、竞赛物品费用及其他相关费用。

（二）校内体育竞赛活动

校内体育竞赛活动与学生体育社团活动的性质一样，都是为弥补正规体育教育的不足而开展的课外体育活动。校内体育活动由学校主办，活动的内容较为灵活，可以是田径运动会、单项体育运动会，还可以说综合性体育运动会。

校内体育竞赛活动的举办不仅有利于学生参与到体育运动中来，同时也是学校获得更多办赛经验和管理方法的良好途径。因此可以说这是一种双赢的活动。具体来说，在组织校内体育竞赛过程中应做好以下几方面的工作。

1. 设置组织编排费

组织编排费，是指负责编排的教师组织制定竞赛规程、召集有关人员开会布置工作、培训裁判、编排竞赛日程、准备裁判器材、安排裁判和比赛队等各种竞赛事项所得的报酬。

2. 明确裁判劳务费标准

对于裁判的劳务费应该根据学校的实际情况来进行，教师裁判的劳务费则可以折算成课时来进行，或者直接用其他更为科学、公平的方式来进行，而学生裁判则应该强调以培养学生的组织裁判能力为主，经济上的补偿适当即可。

3. 合理添置器材

一般情况下，学校体育器材费用一般会在年度体育器材的预算中体现出来，但是我们并不排除一些特殊情况的出现，比如，因为比赛需要临时添加一些器材，所以，在进行预算的时候，这一部分的预算也应该加进去。

4. 安排竞赛奖励

学校体育竞赛奖励应以鼓励为主，经济奖励为辅；集体荣誉在先，个人荣誉在后。一般以颁发荣誉证书为主，可发给少量奖金。

第四节　体育教学中物力资源的管理

一、体育教室的管理

体育教室是体育教育开展场所的统称，为了详细地说明问题，这里所讲的体育教室是指狭义上的体育教室，即开展体育教学活动的小型活动场所（馆），如多媒体教室、乒乓球室（馆）、健身、健美教室（房）和武术教室。

（一）多媒体室的管理

现代科技使得在体育教育中运用多种媒体设备教学成为可能。在体育教育的理论课或实践课中都会用到诸如幻灯、视频、图片等播放终端设备，有些设备价格昂贵，需要格外对其进行保护和保养。

由此可知，多媒体室是进行体育理论和体育欣赏课的教学场所，对其的管理工作具体如下。

（1）应派专人管理多媒体室，在非教学活动期间不允许无关人员随意进入。

（2）使用多媒体室前应先申请，明确使用时间，使用器材，经批准后才能使用。

（3）进多媒体室上课的人员，不得随意动用电教设备。

（4）不得随地吐痰，乱扔垃圾，保持多媒体室的环境卫生。

（5）不得大声喧哗，以免影响其他班上课。

（6）爱护多媒体室内公共设施，损坏则照价赔偿。

（7）违反以上管理规定者应视情况进行惩罚。

（二）乒乓球室的管理

乒乓球室是专门进行乒乓球运动教学的场地。根据场地条件和教学规模，乒乓球教室可以是体育场馆中角落的一块区域，也可以是专门的乒乓球室。

在乒乓球室中，乒乓球球台及其附属器材（球网、地胶）是最为重要的体育教育物力资源。为了保证乒乓球课的正常进行和业余乒乓活动的正常使用，应做好以下管理工作。

（1）遵守乒乓球室的开放时间，到时自觉离开。

（2）进乒乓球室必须按规定着装，特别是要穿着符合要求的专用乒乓球鞋，切记不要穿着皮鞋或黑底运动员进入场地运动。

（3）不随地吐痰，乱扔果皮纸屑，保证乒乓球室的环境卫生。

（4）为防止球台因受力不均变形，禁止在乒乓球台和网架上堆放、悬挂衣物、帽子等物品；不坐或站在球台上。

（5）不在室内任意攀爬、打闹。

（6）不用手和球拍敲打球台。

（7）不利用乒乓球进行赌博等非法活动。

（8）违反以上管理规定者应视情况进行惩罚。

（三）健身教室的管理

健身教室是从事健美运动教学的场所，在其内部会摆放众多健身设备和器械，其中有些器材较为昂贵，需要特别对其进行"照顾"和维护。另外，健身器材种类多样，甚至某些器材还有一定的危险性，因此从安全使用的角度上来说，无论是在教学的过程中，还是在日常的保养维护中，都要注意安全性问题。对于健身教室的管理具体如下。

（1）遵守健身教室的开放时间，闭馆自觉离开。

（2）服从体育教师的指导，不得擅自做主、盲目蛮干，练习遵循循序渐进的原则。

（3）严禁在健身房内追跑打闹

（4）按要求正确使用健身器材，以免损坏器材或造成伤害事故。

（5）器械使用完后应放回原处，不乱放乱扔。

（6）不随地吐痰，不乱扔果皮纸屑，保证健身教室的环境卫生。

（7）随身携带的物品应放在适当或指定的地方，不要放在器械上。

（8）不破坏室内公共设施，损坏照价赔偿。

（9）违反以上管理规定者应视情况进行惩罚。

（四）健美操室的管理

健美操室是专门进行健美操活动的场所。一般来说，学校中的健美操教室通常与舞蹈教室合用。健美操教室的布置特点主要为三面或四面环镜，地板多为木质地板或地毯。对健美操室的管理具体如下。

（1）遵守健美操室的开放时间，到时自觉离开。

（2）健美操室未经允许，不得挪为他用。

（3）进健美操室活动必须按规定着装，不穿不适合的鞋参加健美操活动。

（4）随身携带的物品请放在适当的地方，不许挂在器械上。

（5）不在健美操室大声喧哗，以免影响其他人活动。

（6）不随地吐痰，不乱扔果皮纸屑，保证健美操室的环境卫生。

（7）不破坏室内公共设施，损坏照价赔偿。

（8）违反以上管理规定者应视情况进行惩罚。

（五）武术教室的管理

武术教室是专门用于开展武术运动教学的场所。武术教师四周也要配有大面镜，以方便在教学中学生观察自己的动作是否合乎标准，同时也有助于教师随时从各个角度观察学生的动作。

由于武术教学内容的特殊性，武术教学不能与健美操教室同用，武术教学场所应该安排在建筑的一层或地下室，地面大多铺设木质地板。另外，武术教室四周可能摆放着兵刃架，因此要特别对安全问题做好充分的准备。使用武术教室应遵守以下管理规定。

（1）遵守武术教室的开放时间，到时自觉离开。

（2）武术教室未经许可，不得挪为他用。

（3）武术教室内的器材设备，特别是兵器器材，未经许可，不得擅自动用。

（4）进武术教室活动必须按规定着装，特别是对鞋子的选择要适当，不穿不适合武术运动的鞋。

（5）不许随地吐痰，不许乱扔果皮纸屑，保证武术教室的环境卫生。

（6）随身携带物品，不许挂在器械上。

（7）违反以上管理规定者应视情况进行惩罚。

二、体育场地的管理

（一）煤渣场地的管理

煤渣场地在早期的田径运动场上较常见到，尽管这种场地已经越来越少了，但是在一些经济不发达地区的学校中，它仍旧是主要的田径场地材质。煤渣场地的维护和管理应做好以下几个方面的工作。

（1）鉴于煤渣场地的特殊性，因此应尽量使其表面保持在一个适宜的湿度上。经过实践认定，该湿度一般应保持在30%左右较为适宜。

（2）及时铲除场地上的杂草，雨季更应加强除草工作。有条件的场地周围应种上树木，净化空气，防风尘，保护地面。

（3）及时清除场地内沿边的积土，以免影响场地的正常使用。

（4）严禁在场地上行驶包括自行车在内的各种车辆。

（二）水泥场地的管理

水泥场地对于煤渣场地（跑道）是一次升级和改良。水泥场地在一般的体育教学中有着自身的优点，当然这个优点也只是就煤渣场地来说的，相比于煤渣场地，水泥场地的保养工作更加容易，但是水泥场地也有自身的缺点，那就是地质较硬，学生长期在水泥场地上运动不利于对人关节和肌肉的保护，一旦跌倒还会出现较重的硬伤。

做好水泥场地的维护和管理工作有助于延长水泥场地的使用寿命，减少破损的发生发展。一般来说，水泥场地的维护管理工作具体如下。

（1）水泥场地上的砂、石、泥土和污物要及时清扫，保持整洁。

（2）雨季应及时清除积水，冬季应及时清除冰雪。

（三）木质场地的管理

木质场地与前面提到的煤渣场地和水泥场地相比无疑是更加高级的，而且木质场地在一些运动当中可以当作正式比赛场地，如体育舞蹈、健美操等项目。

由于场地的质地为木质，长期使用可能导致其变形、裂纹或脱离地面，因此对其的保养要更加复杂且更加细致，在进行针对木质场地的管理时应遵循以下管理制度。

（1）未经允许，任何单位和个人均不得进入场地内训练或活动。

（2）未经允许，场内固定器材不得移动。

（3）禁止在木质场地内进食、饮水，如有所需可到木质场地边的非木质区域内进行。

（4）禁止在场内吸烟、吐痰和泼水。

（5）禁止在场内开展其他激烈的球类运动和竞赛运动，如踢足球、投掷、拖拉重器械。在做相关布置和收拾器材时要轻拿轻放，将物体搬起移动。

（6）做好木质场地的维护工作。木质场地的维护工作主要是涂地板蜡、涂地板油、涂防滑油等。

（四）塑胶场地的管理

随着体育科技的发展，新材料的运用逐渐得到广泛的推广。塑胶场地（跑道）和其他跑道相比，塑胶场地的硬度适中、性能更好，是现代化的国际比赛的标准场地。

但是它的不足之处在于如果遇水，场地会明显变滑。但总体上讲，塑胶场地仍旧是现代标准场地材质之一。为了保证塑胶跑道长久使用，应做好以下几方面的工作。

（1）合理使用塑胶场地，只允许场地所承担的专项训练和比赛使用。

（2）当场地遇水且需要急用时，管理人员应尽快对有水地区进行擦拭及干燥处理。

（3）禁止各种机动车辆在上面行驶，以防滴油腐蚀胶面。

（4）禁止携带易爆、易燃和腐蚀性物品进入塑胶场地。

（5）禁止在场地吸烟和吐痰。

（6）禁止在塑胶场地上使用杠铃、哑铃、铅球、铁饼、标枪等器材，以免剧烈的机械性冲击和摩擦使场地的弹性减弱和变形。

（7）发令枪要妥善保管，以免走火损坏场地。

（8）进入场地者必须穿运动鞋。跑鞋鞋钉不得超过9mm，跳鞋鞋钉不得超过12mm。

（9）就塑胶跑道来说，紧靠内侧沿的第一、二条跑道使用较多，平时应限制使用，必要时可设置障碍物。

（10）塑胶跑道上的标志线要保持清晰醒目，模糊后及时喷塑胶液，重新描画。

（11）做好塑胶跑道的清洗工作。一般来说，应每季度大洗刷一次，比赛前后也要冲洗。

（12）做好塑胶跑道的修补工作，如发生碎裂、脱层等现象，应按规格要求及时修补，以防蔓延。

（五）草坪场地的管理

草坪场地是正式比赛场地地质之一。草坪场地可以分为人造草坪和天然草坪，其中天然草坪场地的耗资巨大，其后期的维护费用也花费较大，因此天然草坪场地一般只在高等院校和条件较好的中学中才会配备。草坪场地的维护和管理非常考究，一般来说对此类场地的管理和维护应做好以下几个方面的工作。

（1）严格遵守草坪场地使用规定，爱护草坪和场内设施，保持场内卫生。

（2）禁止机动车辆进入草坪。

（3）田径运动的掷标枪、铁饼和推铅球等项目，只能比赛时使用草坪地，训练时尽量不使用或少使用。

（4）做好草坪场地的越冬管理。越冬前，进行一年之中的最后一次修剪；早春草坪嫩叶返青前，进行一次滚压；返青后应及时浇水。

三、体育场馆的管理

（一）体育场馆的安全管理

体育场馆与其他教学场所有很大不同，这主要与体育运动本身的特点有很大关系。这种关系主要体现在两个方面：一方面为许多体育运动本身具有高强度、高对抗的特点，如果在运动进行时出现了场馆、场地方面的问题，可能会给正在比赛或训练的运动员造成伤害，如由于足球场地不平整导致的运动员崴脚；另一方面，体育项目拥有极大的观赏性，通常观看体育比赛的观众较多，会有几千甚至上万人，因此，场馆的安全程度对于观众的安全也是至关重要的，历史上曾经发生过许多体育场馆看台垮塌致大量人员伤亡的安全事故。

为此，做好体育场馆的安全管理工作就显得非常有必要。一般来说，安全管理应从制度和措施入手，具体内容如下。

1. 建立完善的安全管理制度和体系

高校体育场馆的安全管理直接关系到大学生以及来参加体育活动的社会大众的生命安全，因此要把安全工作放到重要的议事日程，建立完善的体育场馆安全管理体系（安全操作、维护保证）。

2. 加强对工作人员的安全管理培训

充分加强高校体育场馆工作人员的安全管理培训工作，比如设施的安全、人员的安全、消防的安全等，在思想上就要让管理人员充分认识到体育场馆安全管理的重要性，同时进一步认识并熟悉安全管理制度，在实际行动中加强处理安全事故的能力，在对工作人员进行培训的时候，一定要强调预防为主，同时，注意总结培训过程中的经验和规律。

（二）体育场馆的卫生管理

人体在体育运动时代谢加快，呼吸频率加剧，如果场馆内卫生状况不良，运动员长期在这种环境下运动则会对身体造成不好的影响。另外，对于观众较多的体育场馆，卫生状况不佳一是会给人视觉上的不美观，二是还会给可能的传染性疾病的蔓延提供温床。

（三）游泳场馆的管理

游泳场馆是供体育教学主体进行游泳教学活动的场所。这个场所较为庞大，因此需要涉及管理和维护的内容也较多。

具体来看，可以将游泳场馆的管理分为两方面工作：一是对泳池内水质的保护和管理；二是对其他场馆设施的管理与维护。这两方面管理涉及的内容较多且非常专业，但就常规情况来说，其主要的管理与维护方法如下。

1. 游泳场馆水质的保护

在游泳场馆中，人们与水有直接的接触。这种接触导致的结果就是人会对水构成污染，而水也会给人带来一定的影响。为防止水对人体的侵蚀和疾病的传染，国家对对水质的卫生条件有严格的标准。一般说来与饮用水的水质相同，水温一般在26℃左右为宜。

为保证水质的清洁和安全，泳池内的水要定期更换，具体的换水制度应严格按照国家卫生防疫部门的有相关规定执行。为了绝对的安全，管理方应定期取池水水样进行化验，频率为每周至少化验两次，根据每次水质检验报告，及时调整混凝剂、消毒剂、中和剂等的投入量，以保证池水符合水质规定要求。

2. 游泳场馆的维护

游泳场馆内部的设施较多，其大多数设施都是围绕卫生设置的。为了保证水质尽可能的清洁，在人进入泳池前都被要求首先进行淋浴，因此洗浴设施及其相应的设施维护就必不可少。

游泳场馆停止开放后，可使用晾池方法进行保养。在南方地区可用水温保护池子。此外，还应做好游泳场馆周边环境及设施的维护和管理。具体来说，游泳场馆使用期间，泳池外的地面，一定要保持清洁，做到岸边无青苔、无杂物。每天应打扫 1~2 次，并用水清洗。

（四）滑冰场馆的管理

目前从实际来看，在我国大部分地域的非运动专项学校内较少配备有滑冰场馆（一些东北地区的学校除外），这主要是由于滑冰场馆的建设和后期维护需要花费大量的资金。

除此之外，再加上冰上项目在我国的普及程度和人们的兴趣度较低，导致已经建成的滑冰场馆出现使用效率较低、管理成本较高的不利情况。一般的，对滑冰场馆的管理和维护主要包括修正、冻冰、化冰三部分。

1. 修整

由于长期的使用可能会导致滑冰场馆的冰面出现变形或冰面不整的现象，如冰场四边（尤其是四角）会比其他部位厚。修整的常用方法有以下两种。

（1）把制冷机器停开数日，使冰面自然融化，到了所需高度，开动机器重新冻冰。

（2）用修边器或打边机将四边及四角高出的地方修整成与整个冰面厚度相同，再用冰车刮刀刮平，最后浇水，使冰层冻至所需厚度即可。

2. 化冰

休整冰面一定会有一个融冰和冻冰的过程，化冰工作较为简单，一般来说，停开制冰机器，即可使冰面自然融化。

3. 冻冰

化冰结束后就要开始冻冰的过程。这是一个非常精细的过程，并且这个过程要在一套严谨的流程中进行。冻冰的具体步骤为：安装界墙→水刷场地→画比赛用线→开机预冷（6~8小时）→浇第一遍水（浇水前塞住可能跑水的缝隙）→浇第二遍水（待第一遍水冻上之后进行）。

四、体育器材的管理

（一）体育器材的购置管理

在各级学校中，特别是在高等院校中由于平时开展的体育教学活动较多，种类也更加丰富，随之而来的便是要配备有更全面的体育器材。也就是说，这些器材中的绝大多数都要通过购买的形式获得（也有一些器材会通过接受馈赠的途径获得）。

体育器材设备的质量将直接影响体育教学效果，甚至还关乎到教学过程中的教学主体的安全。因此，在购置器材设备时，要经过细致地考评和研究，选择国家正规的体育器材生产厂商的产品，购买器材事物要指派专人全程跟踪完成，以求对购买的体育产品做到严格把关。

（二）体育器材的入库管理

在体育器材购入后，便要将其分门别类的入库存放。由于体育器材的质地和用途不同，因此特别要对某些器材予以特殊照顾，如木质器材和电子器材需要放置在干燥地区；金属器材不要放置在高处；常用到的器材尽量放置在离门不远的位置上；还有诸如球拍和球类最好放置在专门的保管柜中。

另外，一些偶尔用到的精密仪器可以与学校其他贵重仪器放置在一起。

体育器材的管理是一门学科，它包含的内容较多，其中有很多细节更是不应忽视的，为此特将一些经常用到的入库管理方法总结如下。

（1）体育器材在进入器材室之前，工作人员应当按照程序，根据发货单进行验收，然后登记入库，通常采取填写器材登记表的形式来对体育器材进行登记。其中在登记表中应该包含体育器材的名称、单价、数量、生产厂家等。

（2）器材在进入器材室或者器材库之后，应该进行分类保管，在进行分类保管的同时还需要保证体育器材的质量不受任何的影响。

（三）体育器材的日常管理

在做好体育器材的入库管理后，就要开始对体育器材日常使用的管理。对体育器材的使用是各种体育器材使用价值的体现，为了让这些器材物尽其用和更高效率的使用就是体育器材日常管理的核心。

当然，体育器材中有许多属于消耗性器材，即在使用一段时间后便会出现较为明显的破损，针对这种情况管理者也要做出相对准确的评估并制预案，及时对这些损坏的器材进行修理或补充。

体育器材日常管理主要可以通过以下几个方面进行。

1. 制定体育器材的使用制度

在制定体育器材的使用制度的时候，一定要首先明确规定出体育器材使用的借用手续，使用的方法、归还的方法以及器材损坏时应实施的补偿办法等，从各个方面入手，减少一些不必要的损失和消耗，最大限度地区延长体育器材的使用寿命。

（1）要求相关人员凭工作证、学生证或个人身份证办理体育器材的借用手续，借用一些特殊的体育器材还应交付一定的押金。

（2）明确体育器材的使用办法，包括正确使用的流程，禁止的事项。一些固定性的体育器材附近应注明使用的方法和注意事项。

（3）做好体育器材的现场指导、监督工作。

（4）认真核实体育器材归还数量与借出数量，器材有否损坏，并做好记录。

2. 制定器材设备的清点检查制度

清查的目的就是为了能够及时地维修或报废一些不能够继续使用的器

材设备，为了更好地管理好这些器材设备，我们一定要根据各种器材设备的特点建立起清点检查器材设备的制度，对所有的器材设备都应该做好比赛前的清查、比赛之后的清查以及年终的清查工作。

3. 做好体育器材设备的维护和保养

因为器材设备的材料本身会有很大的差异，所以在保养和维护方面也会有很大的不同。对于一些金属器材的设备应该上漆或者上油，以防止其生锈；木质品应该在其表面涂油、封蜡，防止其变形和生潮变形；而对于皮革制品则需要防止暴晒，应该涂保革油，橡胶器材设备则应该禁止接触油漆，禁止放在高温的地方。

总体来说，我们一定要科学地去安排体育器材的一些维护和管理工作，充分制定好日、月、季、半年以及每年的维护计划，并且最好用文字的形式对每一项器材的保养要求来进行保养，对于一些进口的贵重体育器材，我们应该首先将英文保养说明翻译成中文，并且把相应的责任具体落实到工作人员身上，大型设备的定期保养工作应该由专门的一些工作人员来进行保养。

总负责人在这个时候也应该承担相应的责任，比如定期检查器材的保养维护情况，及时发现问题并作出相应的补救措施。

参考文献

［1］尹志华. 中国体育教师专业标准体系的探索性研究［D］. 上海：华东师范大学，2014.

［2］甄志平. 体育与健康教育对中学生体质干预的实验研究［M］. 北京：北京师范大学出版社，2013.

［3］唐炎. 体育教师教育论［M］. 重庆：西南师范大学出版社，2006.

［4］毕荣华，安国彦. 大学体育与健康［M］. 北京：水利水电出版社，2014.

［5］杨成，王海飞，杨清元. 体育教育实习指导［M］. 北京：化学工业出版社，2014.

［6］潘绍伟，于可红. 学校体育学［M］. 2版. 北京：高等教育出版社，2008.

［7］曲宗湖，杨文轩. 学校体育教学探索［M］. 北京：人民体育出版社，2002.

［8］张松奎. 体育教育学［M］. 徐州：中国矿业大学出版社，2013.

［9］凌波，王菲，田丽君. 湖北省体育教育本科专业学生专业思想现状与对策［J］. 安徽体育科技，2013，34（6）：55-59.

［10］孙培青，李国钧. 中国教育思想史：第三卷［M］. 上海：华东师范大学出版社，1995.

［11］周兴国，李子华. 高校教学管理机制研究［M］. 合肥：安徽人民出版社，2008.

［12］张虎. 体育教育实习与实践［M］. 西安：西北工业大学出版社，2011.

［13］邓星华，谭华. 新编体育教学论［M］. 上海：华东师范大学出版社，2008.

［14］刘绍曾，周登嵩. 体育教育学［M］. 北京：高等教育出版社，2004.

［15］龚坚. 现代体育教学论［M］. 重庆：西南师范大学出版社，2009.

［16］蔺新茂，毛振明.体育教学内容论［M］.北京：北京体育大学出版社，2014.

［17］杨文轩，陈琦.体育原理［M］.北京：高等教育出版社.2004.

［18］沈建华，陈融.学校体育学［M］.北京：高等教育出版社，2010.

［19］冯增俊.当代国际教育发展［M］.上海：华东师范大学出版社，2002.

［20］周永志.浅议学校民族传统体育文化的传承［J］.辽宁教育行政学院学报，2006，23（8）：26-27.

［21］魏纯镭，毛军平.体育教育与文化［M］.北京：北京体育大学出版社，2010.

［22］李启迪，邵伟德.体育教学基本理论研究［M］.北京：北京师范大学出版社，2014.

［23］杨文轩，陈琦.体育概论［M］.北京：高等教育出版社，2013.

［24］黄美好.体育学概论［M］.北京：人民体育出版社，2007.

［25］常智.体育管理理论与实践［M］.北京：北京师范大学出版社，2009.

［26］夏思永.体育教学论［M］.重庆：西南师范大学出版社，2003.

［27］刘军.对体育教学设计现状分析及策略研究［J］.体育教学，2011，31（1）：13-15.

［28］吴鹏森，房列曙.人文社会科学基础［M］.上海：上海人民出版社，2000.

［29］蒋晓丽.体育教师专业化与体育教师教育专业化研究［J］.体育科技，2006，27（2）:14-17.

［30］全国体育院校教材委员会.运动训练学［M］.北京：人民体育出版社，2008.

［31］李庆培.高职体育教学学生考核评价探讨［J］.中国职业技术教育，2011（23）：95-96.